AF455261

ISBN: 978-1-291-77140-4

PRÓLOGO

Querido lector:

Seguramente te estás preguntando qué clase de libro es este, cuyo lomo acariciarían tus manos si, en lugar de ser tan rácano, lo hubieras comprado. ¿Es una novela?, ¿una autobiografía?, ¿una colección de cartas? No, no y no. Este libro no es ni lo uno ni lo otro ni lo otro. Pero entonces, ¿qué es este libro?, te preguntarás angustiado. Pues este libro, amable lector, es una mierda.

Resuelto este enigma, ha llegado el momento de conocer algunos datos biográficos del autor y, para ello, qué mejor que dejarle hablar a él mismo de sí mismo (algo que, por otra parte, le encanta). Procedamos.

Yo, Víctor Ángel Lavín Puente (1 habitante), nací en Rubayo (300 habitantes), provincia de Cantabria (500.000 habitantes). Pregunta: ¿cuántos habitantes tiene Rubayo? Mi infancia duró hasta los diez años. Después cumplí treinta y cinco, y me licencié en Informática, coronándome con el Segundo Premio Nacional de Licenciatura (¡chúpate esa!). En mis propias palabras "jamás perdonaré al imbécil que se llevó el primero" (¡chúpate también esta!). Ya licenciado y premiado viajé a Barcelona, y allí me hice Caballero de la Orden Becarial, dignidad que retuve hasta que pude, y si no la retuve más es porque más no pude. Punto y chúpate esa.

Interrumpimos este magnífico relato autobiográfico para entrevistar al autor y conocer así, de primera mano, sus opiniones sobre diversos temas de actualidad.

–Víctor Ángel, ¿qué opina usted de sí mismo?
–Soy adorable.
–Bien.

Pulsemos ahora la opinión de la calle.

–Ciudadanos honestos, ¿qué opinan ustedes de sí mismo?
–Es repugnante.
–Bien.

No hay duda, es adorable.

Mis cuatro años en Barcelona fueron el día más feliz de mi vida. Fue este un periodo salpicado por viajes a Estados Unidos que fueron el viaje más feliz de mi vida, exceptuando una vez que me lo estaba haciendo y salí corriendo y casi no llego a tiempo. Pero llegué.

–Víctor Ángel, ¿qué es lo que usted más aprecia?
–La humildad.
–Bien.
–¿Y lo que más detesta?
–Por este orden, los ordenadores, los informáticos, los judíos, los moros, los cristianos, las razas, los niños, los adultos, los ancianos, el obispo de Mondoñedo y los fox-terrier.
–¿Por ese orden, Víctor Ángel?
–Y por cualquier otro.
–Bien.

Y entonces vine a Madrid, adornado por una asociatura concedida por la muy complutense. Y ahora tengo sueño...

–¿Es usted Piscis, Víctor Ángel?
–¿Es usted idiota?
–Bien.

Pues ya me conocen.
Pues ya le conocen.

El libro del Génesis

Hubo una noche en la que el cosmos tuvo mucha suerte. Esa noche fue la noche en que nací yo. Hasta entonces a mí no me conocían ni el cosmos ni mi padre. Tampoco ustedes. Que mi padre, ustedes y el cosmos pudieran sobrevivir en semejante estado de ignorancia es una paradoja que quizá algún día la Biogenética o tal vez la Astrofísica puedan explicar. Yo, sinceramente, no me lo explico. Pero les perdono. Y, además, pues que enseñar al que no sabe es bienaventuranza, para reparar su ignorancia voy a comenzar haciendo dos afirmaciones tajantes. Primera: quien esto escribe hace mucho tiempo que perdió a sus queridísimas abuelas. Segunda: yo, de pequeño, era un niño listísimo.

Y como siempre caminaba cabizbajo, mis vecinos decían "hay que ver qué tímido es este niño", "tan joven y tan reflexivo", "algún día llegará al suelo", "no somos nadie", etc. Pero yo sabía la verdad. Y la verdad es que era un niño cabezón. Y la verdad es la verdad y los prados son verdes y las cabezas tienen masa y a Newton le cayó encima una manzana. Y además tenía el cuello demasiado frágil.

Lo que más me gustaba de mí mismo era el flequillo. Era uno de esos flequillos, ya caídos en desuso, que recorren la frente, de oreja a oreja, medio centímetro por encima de las cejas. Era un flequillo indomable (mamá decía "rebeco"), enemigo por igual de la raya al lado y de la raya al medio. Cuando mis cinco hermanos estaban ya arreglados y resplandecientes para ir a la escuela –porque todos éramos guapísimos y listísimos, no sé si lo he dicho antes– a mi peine todavía le quedaban por completar tres cuartos de su recorrido hacia el éxito.

A mí me parece que de pequeño era enclenque. Mis vecinos decían "hay que ver que niño tan estilizado", "pero qué rico y qué comprimido", "algún día despegará del suelo", "no somos nadie", etc. Pero yo sabía la verdad. Y la verdad es que era un niño mierda. Y la verdad es la verdad y las vacas son asquerosas porque mi padre tenía vacas. Y mi tía Carmina me llamaba caganial y mi tía Maruchi carajón pinao. Me atrevo a confesar esto ahora que tengo un cuerpo espectacular (si les parece que exagero, fíjense en lo siguiente: cada vez que me miro al espejo me digo, "Oiga, joven, tiene usted un cuerpo espectacular". ¿Ven cómo no miento?)

Un niño de Rubayo viaja a Cheste

En el año 1970, un niño cabezón, nacido en Rubayo, provincia de Cantabria, tomó un autobús y se desplazó a Cheste, provincia de Valencia, provisto de una beca –porque este niño siempre tenía becas ya que era listísimo, no sé si lo he dicho antes–. Tras vomitar dieciséis veces, una de ellas sobre la espalda del tutor que acompañaba a la expedición, el niño llegó exhausto a su destino y se puso a llorar. Les voy a desvelar un secreto: ese niño era yo.

No les cuento esto por alardear de vómitos ni por inspirarles compasión. ¡Qué va, qué va! Se lo cuento para que asistan ustedes, de mi mano, a uno de esos hechos tan prodigiosos como infrecuentes que, muy de vez en cuando, iluminan la historia del hombre sobre la tierra. Señoras y señores, con la debida solemnidad afirmo que están asistiendo ustedes, de mi mano, al nacimiento de un poeta. ¿Cómo interpretar, si no, lo que se relata a continuación?

Día tras día, durante dos largos y amargos años, una vez completadas las horas de provechoso estudio y prudente reflexión, el niño del que hablamos, aunque no sepamos quién es pero sí lo sospechemos, subía a lo alto de una colina y allí, mirando hacia el norte y con los ojos anegados en lágrimas, recitaba así:

En un lugar de España,
entre las montañas y el mar,
se encuentra mi tierruca,
la que yo siempre fui a amar.
Veo aquí verdes prados,
allá lejos azul mar,
en el fondo montañas...
¿qué más puedo desear?

¿Qué les ha parecido “la que yo siempre fui a amar”? Sin duda, concordarán conmigo, los genios despuntan a muy temprana edad.

Les he dicho en el prólogo de este libro que inmediatamente después de cumplir diez años cumplí treinta y cinco. Bueno, ahí he mentido un poco. En realidad, por el medio hubo algo. Exactamente, ciento cincuenta y cuatro centímetros, que es lo que medía cuando tenía quince años. Mis vecinos decían “este adolescente crece en riqueza interior”, “tiene un desarrollo polimórfico, pero orientado hacia la horizontalidad”, “tranquilo, niño, menos mide una pulga pero mira cómo salta”, “no somos nadie”, etc. Pero yo sabía la verdad. Y la verdad es que era un microorganismo. Me atrevo a decir esto porque ahora soy altísimo y, si no me creen, escuchen mis conversaciones con el espejo.

Lo que voy a confesarles a continuación es asunto delicado, y me da mucho apuro dejar constancia escrita de ello, mas el cronista se debe a la

verdad que es una e indivisible y, pues que amarga, conviene echarla de la boca, como una vez dijo quien dijo una vez.

Yo, de adolescente, la tenía pequeña. ¿Y qué decían los vecinos?, se preguntarán ustedes. Pues los vecinos decían que si la esencia y los frascos, que si parece mentira lo que lalelo estira, que ande o no ande no sé qué de los caballos, pero al revés, y que si no somos nadie y además qué poca cosa proyectamos. Pero yo sabía la verdad. Y la verdad es que a mí me hubiera gustado tener un pollón. Y la verdad es la verdad, y yo de adolescente no tenía un pollón. Bien, no creo que sea necesario explicar por qué me atrevo a contarles esto ahora, ni cómo transcurren mis diálogos con el espejo en la actualidad.

Un joven de Rubayo, residente en Cheste, viaja a Eibar

En el año 1972, un joven enanescente y pichabreviano, nacido en Rubayo, provincia de Cantabria, tomó un autobús y se desplazó a Eibar, provincia de Guipúzcoa, provisto de una beca y escoltado por un carro de matrículas de honor (¡huy, perdón, se me ha escapado!). Tras ventosear dieciséis veces –¡vaya por Dios, se me escaparon!–, una de ellas con funestos resultados, el joven llegó exhausto a su destino y se puso a llorar. Les voy a desvelar otro secreto: ese joven también era yo.

Ese joven era yo, pero ustedes no me hubieran reconocido. ¿Qué formidable mutación me había tornado irreconocible? Pues que por mí había pasado la modernidad. ¿En cuál de sus manifestaciones? ¡Pues en cuál va a ser... en el corte de pelo, hombre! Un flequillo minifalda, de apenas medio centímetro de longitud, flanqueado a ambos lados por sendas melenitas que confluían amantísimas en la zona nucal, enmarcaba una pirámide truncada con dos semiesferas adosadas a la zona perinasal; me estoy refiriendo, ustedes lo han adivinado, a mi cara y a sus dos mofletes (digo "sus" porque nunca podré aceptarlos como "mis").

La cuestión de los mofletes no es asunto baladí. Son muchos los tratados que sobre la materia se han escrito y no menos las discusiones en las que filósofos y sabios provenientes de diversas disciplinas se han visto envueltos. Triste resulta tener que admitir que en lo único en que se han puesto de acuerdo unos y otros es en lo siguiente: los mofletes son asquerosos. De entre sus muchos inconvenientes cabe destacar que la persona mofletuda ha de elegir entre dos actividades: ver o reír. Si ríe, la masa inmunda asciende vertiginosa hasta ocultar los ojos y adiós paisaje. Es cierto que existen remedios que permiten simultanear las dos actividades como, por ejemplo, separar ligeramente las mandíbulas y aspirar una parte del oprobio entre las muelas. Desafortunadamente, este remedio tiene efectos secundarios indeseables: en mi caso, tengo las zonas perimolares hechas un Ecce Homo. Aun siendo el no poder reír un inconveniente de mucha gravedad, seguramente les parecerá a ustedes una bagatela si lo comparan con este otro: a mí, de adolescente, me llamaban “el Papus”.

El joven Víctor apostata

A estas alturas del relato de mi vida, muchos de ustedes se estarán preguntando cuándo dejé de ser católico. Pues bien, se lo voy a decir. Dejé de ser católico el 13 de Julio de 1975, a las 19:30, por mor de un jesuita. ¿Pero por qué, aparte de por mor? Sigan leyendo.

–Ave María Purísima.
–Sin pecado concebida.
–¿Cuánto tiempo hace que no te confiesas, hijo mío?
–Dos días.
–¿Y qué has hecho, hijo, para que en tan corto espacio de tiempo tu paz de espíritu se vea turbada?
–Me la he cascado.
¿Cuántas veces, hijo mío?
–Siete veces siete.
–¡Recórcholis y repámpanos, qué potencia! ¿He oido… cuarenta y nueve?
–Tú lo has dicho.
–¡Ay, Jesusitín Sacramentadote! ¡Sujeta esa fiera, rebuzno satánico, excremento diabólico! ¡Piensa en María!

Naturalmente, le tomé la palabra y, a partir de entonces, nunca dejé de sujetar a la fiera ni de pensar en María. Y cuanto más pensaba en María, más sujetaba a la fiera. Y después se me secaron los sesos y me salieron cuernos.

El pequeño ruiseñor

Desde muy pequeño he sentido pasión por la música. En mis sueños he sido el tenor más jaleado y querido por el público, el bajo más profundo de todos los tiempos, he sido María Callas, Eneas pero también Dido,

Paganini me ha pedido perdón cientos de veces por haber osado tocar el violín, Andrés Segovia se ha retirado a Soria, he sido coro, orquesta y director, todo ello yo solo y al unísono, y he desarrollado mis carreras siempre entre grandes aplausos y causando numerosos suicidios entre mis admiradores.

Despierto, las cosas han sido un poco diferentes. Tengo que reconocer que, a pesar de mis esfuerzos, todos mis intentos por alcanzar la gloria han sido vanos. Sin embargo, sigo intentándolo y estoy seguro de que si no consigo triunfar en la tierra, cuando llegue al cielo Dios me colocará a su diestra dirigiendo un coro de victorarcángeles.

Precisamente pensando en esta posibilidad, hace algunos años decidí tomar clases de canto. El problema de este tipo de decisiones es que no solo afectan a quien las toma, sino que también pueden destruir la vida de los seres queridos más cercanos. Recuerdo que un día entré en la cocina, con un tapón de corcho entre los dientes para conseguir un sonido redondo, cantando "...iel es...ada ...riun...a...ora", y noté que mis pobres hermanas, que dada la penuria en que vivíamos nunca iban a la peluquería, habían sustituido su peinado habitual por un tocado tipo Dama de Elche. Ante tan clara evidencia no me cupo sino asumir mis responsabilidades, tragarme el tapón y abandonar inmediatamente el canto.

La rebelión de las vacas

De acuerdo, no sirvo para cantar. Pero, ¿y el violín?, ¿quién dijo miedo? Pues aquí me tienen ensayando cinco horas diarias.

La sala de ensayo estaba situada en la primera planta, justo encima de la cuadra. A las cinco de la tarde, cuando empezaba a tocar, alondras embelesadas se arracimaban junto a la ventana (las alondras tienen el pico negro y graznan, ¿verdad?). Y sin embargo... Un día, después de un magnífico concierto, bajé a la cuadra y noté la atmósfera enrarecida: rabos de vaca que se agitaban como si siguieran un ritmo, miradas irónicas de vaca, impertinentes comentarios de vaca (doblemente hirientes por proceder de animales tan estúpidos)... Repentinamente, una vacazorra decidió ser más explícita y me pegó un rabazo en los morros que me dejó tieso (quienes son de origen agropecuario saben perfectamente que un rabazo de vaca no es moco de pavo, es rabazo de vaca). Pero ahí no acabó el suplicio. Una tarde de invierno, mientras atravesaba disimuladamente la cuadra haciendo caso omiso de miradas maliciosas y esquivando rabos bullangueros, de súbito quedé paralizado por el horror. Fue la Careta –y sobre su conciencia pesará por los siglos de los siglos– quien

comenzó a entonar, con un horrible mugido, “reeeedoosilaasolsool-faaaa...”. Pronto se unieron a ella la Mora y las Pinedas (madre e hija), la Flora y la Tudanca, e incluso la Putapinta. Pero lo que más me dolió fue que la mismísima Sophiebutter –8.000 kilos de leche anuales, 4'8% de materia grasa, pretendida por los toros más principescos de la pedanía y nombrada *Miss* en mil certámenes– se uniera al coro putopinto, bramando a pleno pulmón la horrenda melodía. Poco queda por añadir para concluir esta triste historia, salvo que en días sucesivos la producción lechera se resintió notablemente, que mi familia comenzó a empalidecer y a enflaquecer a marchas forzadas y que, finalmente, tras muchas deliberaciones y arduas negociaciones, el violín fue enviado al hacha.

Por qué odio las gafas

Hay caras que no están hechas para gafas, del mismo modo que hay culos que no están hechos para vaqueros. Pues bien, mi cara es uno de esos culos. Cuando salgo a pasear oculto tras la transparencia de mis lentillas (¡rabia de envidia, Rubén Darío!) las multitudes me lanzan bragas y abanderados porque los calvinclains están muy caros, y me gritan ¡guapo, guapo, guapo! y ¡Felipe, cásate con quien quieras, pero que sea yo, y que viva la madre que te parió! ¿Qué ocurre, en cambio, cuando salgo con gafas? Pues que vomitan las viejas, me ladran los perros y me apedrean los mendigos. Palabra de Dios.

La Señorita Lo Que Me Pudre

De entre las muchas residencias que he tenido la oportunidad de habitar a lo largo de mi vida quisiera destacar, por su singularidad, el piso que compartí con N. y M. en San Sebastián.

N., la propietaria, canija y culona, era tan dominante como la lagarta de Roma. Lo que más me gustaba de ella era su generosidad y su habilidad para el cálculo numérico. En una ocasión me invitó a tres albóndigas y, cuando acabé el festín, me hizo saber: "Así que son... tres albóndigas a quinientas el kilo hacen setenta y una pesetas... más el pan rallado que son una cincuenta... más cinco de aceite... en total hacen... ¡huy, se me olvidaba!... más la parte correspondiente de perejil... cero veinticinco pesetas... así que son... total... setenta y siete con setenta y cinco. ¡Huy, se me olvidaba!... más el gas hacen un total de... setenta y ocho pesetas".

Las normas de convivencia impuestas por N. eran muy estrictas. Ni visitas a puerta cerrada, ni un plato sucio en el fregadero durante más de un minuto, división del frigorífico en compartimentos estancos, ni un pelo rizado en la bañera, etc. Sin embargo, contrariamente a lo que ustedes están pensando, N. no iba uniformada ni llevaba látigo.

M., por contraposición a N., era una persona optimista y encantadora. Tenía por costumbre iniciar todos sus parlamentos con la frase "Lo que más me pudre". Nuestra relación fue siempre extraña pero cordial. ¿Siempre? Cuidado, hay adverbios que conviene usar con precaución. Cuando N. abandonó la casa, tras opositar con éxito a una plaza de funcionaria –que, contrariamente a lo que ustedes están pensando, no correspondía al Cuerpo de Prisiones–, el carácter de M. se volvió convulso y la propia M. invisible. Solamente se atrevía a salir de su habitación cuando tenía la certeza de que yo estaba encerrado en la mía. Cuando volvía a entrar, un tremendo crujir de pasadores, llaves y candados recorría toda la casa. Poco a poco las cosas fueron cambiando. A la hora de la cena nos reuníamos en la cocina y comentábamos lo mucho que nos pudrían los programas de la televisión; y, claro, se empieza comentando lo mucho que pudren los programas de televisión y se termina reconociendo lo que pudre la vida. Bueno, en realidad no se termina ahí, porque M. fue tomando confianza y un día me obligó a enseñarle los pies –tengan en cuenta que en esa época yo ya había adquirido unas proporciones adorables– y, después de vistos y alabados como merecían, no hizo ninguna alusión a lo mucho que le pudrían. "¡Ojito, ojito!" me dije yo.

Pocos días después de la aparición del primer síntoma alarmante fuimos al cine. A la salida tomamos unas cervezas y, ya de camino a casa, me tomó de la mano, me dio un casto beso en un moflete y se puso a llorar. Depositada en casa, yo volví a salir y me emborraché (como un cerdo).

Después de estos acontecimientos, M. dejó de hablarme. Cuando coincidíamos en la cocina, enchufaba la televisión y seleccionaba "Lo que necesitas es amor". Misteriosamente, olvidó que las puertas deben cerrarse con gentileza y, más de una vez, la casa estuvo a punto de venirse abajo. En cierta ocasión M. me dio a leer la carta que a continuación trascribo.

Carta remitida por la Señorita Lo Que Me Pudre a su antiguo novio Jesús Ignacio

"Querido" Jesús Ignacio:

Lo que más me pudre es que "algunos" se crrreen que por decir "cierrrtas" cosas ya se crrreen que las cosas que dicen son ciertas. Y si algo me pudre es que se diga lo que se dice sin comprobar previamente que lo que dice "alguien" tiene algún fundamento basamentado en "rrrealidades". Porque si hay "algo" que me pudre es que los basamentos que "algunos" fundamentan estén "más bien" basamentados en "opiniones" (digamos) subjetivas. Sin embargo, lo que a mí más me pudre no es que me pudran las "cosas" que "algunos" se callan. Me pudre mucho más que las "opiniones" de "algunos" tengan la caradura de prrretender ser "OBJETIVAS". Y si no digo más es porque "algunos", que parecen tener una memoria muy "selectiva", ya me entienden...

Atentamente, L.Q.M.P.
PD: ¡Púdrete, maricón!

Por qué lo llaman ingenuidad si es pura tontería

Una forma de ganar dinero en San Sebastián, a finales de los setenta, era ir al puerto de Pasajes, ponerse en fila, dejar que un negrero te examinara los dientes y la masa muscular, y esperar a que te seleccionara para descargar pescado. A mí me cogieron una vez. Me había forrado los bíceps con periódicos y tuve la suerte de que no crujieran cuando fui inspeccionado. Pero solo me cogieron una vez. Creo que me vieron tan fornido que se dijeron: un día más de trabajo y entre el bacalao va a aparecer muerta una sardina con flequillo.

Otra forma de ganar dinero en San Sebastián era tener algún amigo que conociera a algún empresario que tuviera un camión que necesitara ser descargado. Así conseguí mi segundo trabajo. La cuadrilla de descarga la formábamos mi amigo y yo, que éramos estudiantes, y otros dos macarras que se buscaban la vida. Me acuerdo de que cuando terminamos la faena, después de repartir el dinero, le dije a uno de los macarras: no, si yo no lo hago por el dinero, lo hago por sentir lo que sienten las clases trabajadoras. No me pegó una hostia de puro milagro.

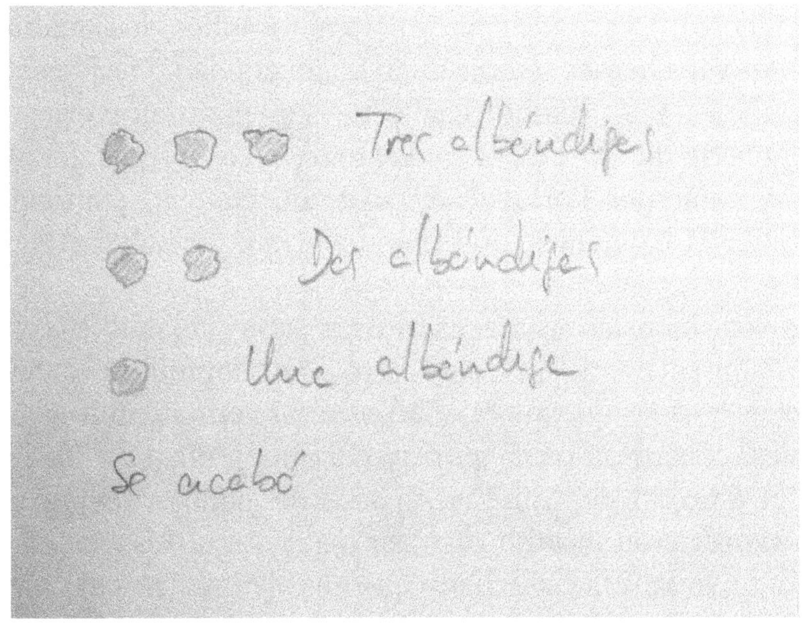

España en bicicleta

A mí siempre me han gustado los héroes: Alcibíades, Héctor, Aquiles, Alejandro, los Graco, Viriato, Daoíz, Víctor Ángel...

No les voy a hablar de aquella vez en que se declaró un terrible incendio en la escuela y yo, sin importarme arriesgar la vida, me colé por una ventana, y con veintisiete niños debajo de un brazo y otras tantas niñas debajo del otro, y con la cara tiznada y el pelo hecho tea conseguí salvarlos a todos sin que sufrieran ni siquiera un rasguño. No, no les voy a hablar. Y sus madres llorando y sus padres de rodillas dándome las gracias y erigiéndome estatuas por las avenidas y por las plazas y por los bulevares, y enviándome coronas de laurel por mensajero, que sale carísimo. No, para qué les voy a hablar. Ni tampoco de la vez aquella en que iba en un avión y unos terroristas malísimos lo secuestraron y mataron al piloto, y cuando iban a violar a las azafatas yo, sin importarme arriesgar la vida, salté como un tigre y, gruñendo como un guepardo, los reduje y los até con los cordones de mis zapatos al asiento 17-F. Me niego a hablarles. Y después nadie sabía conducir aviones, y entonces yo tomé los mandos, y siguiendo las instrucciones de la torre de control y escoltado por dos F-18, sin importarme arriesgar la vida, aterricé felizmente y los pasajeros declararon a la CNN que nunca habían tenido un aterrizaje tan suave. Sería absurdo que les hablara. De lo que sí quiero hablarles es de mi vuelta a España en bicicleta.

Tenía veinticuatro años y muchos más ideales cuando pedí una excedencia en el casino, porque he sido crupier. Con una bicicleta cargada de alforjas por todas partes excepto los pedales, y una tienda de campaña, salí de Rubayo (300 habitantes) y me dirigí hacia la Costa Brava (cuyo número de habitantes ignoro), buscando por el camino todos los puertos de los Pirineos, porque los héroes se crecen en la adversidad. Después, bordeando el Mediterráneo tomé rumbo hacia el sur para atravesar Andalucía buscando el puerto de La Veleta para saludar a los colegas del Olimpo y, a continuación, subir por Portugal y, ya desde Galicia, emprender rumbo hacia Rubayo (301 habitantes, mi primer sobrino, ¡qué alegría!).

Dicen que los ciclistas a veces sufren una pájara. Yo sufrí doce guacamayos durante mi travesía, pero me sobrepuse a todos ellos comiendo unas avispas que me querían picar al verme pálido y tembloroso. Son animales cobardes, pero nutritivos. En el mes de julio, mientras atravesaba el desierto de Almería, vi siete camellos, tres oasis y cuatro huríes. No me hicieron ni puto caso: ni los siete, ni los tres ni las cuatro. Después vi a un holandés esmirriado que también iba en bici. Nos pusimos a la par y, no sé si ustedes saben lo que ocurre cuando dos ciclistas desconocidos se ponen a la par, pero se lo voy a contar. Pues ocurre que disimulando, disimulando, uno empieza a tirar un poco, el otro piensa "que te crees tú que me vas a dejar atrás" y tira un poco más, y tirando tú, tirando yo, pronto empecé a verle la popa al holandés y, al final, el hijo de puta me dejó tirado. Desde entonces odio a los holandeses. Claro que él jugaba con ventaja: la dieta de tulipanes es muy rica en hijos de puta.

Ya en Portugal, aproveché una parada en Costa da Caparica para componer el siguiente poema con estructura de trianguleto (en portugués, porque yo hablo todos los idiomas).

Estando na praia
o culo moreno,
os peidos brotando
libres al vento,
apareciόseme una meiga
montada en una escoiba
que empunteciome os peilos.
Con os peilos empuntecidos
me fiz una treinza que moito bailaba,
al ritmo dos peidos que al vento brotaban.

Finísimo, ¿verdad?

Les voy a hablar ya del final de mi viaje. Por una de esas extrañísimas casualidades que solo ocurren una vez en la vida, mi llegada a Rubayo coincidió –insisto y nunca me cansaré de insistir: casualmente– con la fiesta del pueblo. Cuando estaba a apenas veinte kilómetros y ya comenzaba a saborear los vítores y los cañonazos de bienvenida llegó el primer pinchazo. En esos veinte kilómetros pinché unas treinta veces. Llegué a la fiesta con la rueda delantera cuadrada, la trasera campaniforme, el culo amoratado y sanguinolento, y cagándome en todo el obispario y en una gran parte del papeo. Allí mismo juré odio eterno a cualquier animal provisto de dos ruedas.

Me paso el día bailando

Mucha gente opina que bailar es fácil: relajas el cuerpo, te dejas llevar por la música y ya está. Les propongo el siguiente experimento. Pongan una sartén con aceite al fuego y cuando el aceite esté hirviendo echen un huevo; ahora miren fijamente a la clara del huevo. ¿Qué ven? Pues un huevo que se está friendo, me dirán ustedes. ¡Por favor!... Lo que están ustedes viendo es a Don Víctor Ángel Lavín Puente bailando. Un saltito con la patita derecha, otro con la patita izquierda, un pequeño movimiento de alerones, un desgonce de caderas, un temblor generalizado y vuelta a empezar. Bien, esto fue así hasta que una noche tuve un sueño en el que me vi bailando y quedé tan horrorizado que nunca más volví a hacerlo. ¿Nunca más? ¡Ay, estos adverbios! Lo que ocurre es que esa noche decidí que nunca más bailaría sereno, porque una cualidad que desarrollé siendo muy joven, mientras estudiaba las costumbres de los peces, fue la amnesia postmerluza. Desde entonces mi carrera de *prima ballerina* ha atravesado dos fases. En la primera, de mucha rigidez, adosaba cada brazo al costillar respectivo, con los antebrazos en ángulo recto proyectándose hacia el frente y como sosteniendo dos cebolletas con las manos (me hubiera gustado que parecieran maracas, pero carezco de estilo). Completaban la figura una aspiración total de la masa inmunda, unos morros dispuestos en protuberancia y unos ojos casi en blanco que miraban con chulería más allá del horizonte. La figura ya compuesta, comenzaba la función: Un giro de cuarenta y cinco grados hacia la izquierda, recuperación de la posición inicial, otro giro de la misma amplitud hacia la derecha, recuperación de la posición inicial y repetimos.

Hubiera seguido así mucho tiempo de no haber sido porque varias veces me rompí las narices contra los codos de los asquerosos de los altos (recuerden que en esa época yo no era el gigante que soy ahora). Decidí, pues, buscar un estilo que no exigiera invadir territorios ajenos y lo encontré, a saber, levantar las rodillas alternativamente justo por encima de la zona pudenda y después dejar caer los pies (también alternativamente) dando pisotones como si debajo estuviera el pescuezo del obispo de Mondoñedo. Me fue bien hasta que una noche un canberrano telefoneó a la discoteca diciendo que algunos se tienen que levantar para ir a trabajar, y ahí acabó definitivamente mi aportación al arte de la danza.

Camarero en San Antonio (Ibiza)

Fui a Ibiza a pasar la Semana Santa, en un viaje de estudios, y me quedé seis meses. Lo que más me apetecía en esa época era conocer a qué sabía el porro y qué aspecto tenía el concúbito. De lo segundo aprendí muchísimo porque, como ustedes no pueden dejar de saber sin pasar por zoquetes, las revistas especializadas en la materia son muy ilustrativas. Con respecto al sabor del porro tuve dos experiencias. En la primera un compañero de viaje me lo dio a probar y, después de unas cuantas caladas, empecé a reírme como un poseso y a decir ¡joder, cómo coloca!, ¡esto es

teta de Sophiebutter! y otras sapiencias de estilo similar. Al cuarto de hora me enteré de que había fumado unas ramitas de perejil entremezcladas con ducados y me cagué en su puta madre, la de mi compañero y la del perejil, pero respeté a la del ducados. El segundo porro era de verdad. Me dio taquicardia, paliduria, hipotermia, epizotia, febrilumia, mareogenia y cagalera. Y no tenía papel, me lo había fumado. Entonces empecé a trabajar de camarero en una discoteca, en San Antonio. Normalmente trabajaba detrás de la barra, pero un día tuve que ejercer de camarero de sala y salir con la bandeja. De las cinco cervezas que llevaba solo una llegó de pie a su destino, pero al final cayó sobre uno de los clientes; su equilibrio había sido muy precario durante el viaje y la pobre llegó agotada. No me quedó más remedio que mirarles a todos con mucha agresividad, como si la culpa la tuvieran ellos por quedarse allí sentados como pasmarotes, porque en cuanto te descuidas los clientes te avasallan.

Las inundaciones del setenta y tantos

Por aquellas lejanas fechas, tuvo la gota fría la osadía de sobrevolar el norte. No voy a relatar aquí el reguero de desolación y muerte que sembró a su paso (recurra el lector interesado a las hemerotecas, donde podrá saciar sobradamente sus más morbosos instintos); sin embargo, sí quisiera dejar constancia de cómo se vivió tan luctuoso acontecimiento en el humilde caserío de los Lavín, no porque allí las consecuencias fueran particularmente trágicas, sino por dar una visión más amplia de los sucesos y prevenir a las generaciones venideras sobre qué se debe hacer y qué no, en tan dramáticas circunstancias.

Jamás, bajo ningún concepto, téngase una docena de pollitos recién nacidos dentro de una caja de cartón sobre el suelo de la cuadra. Insisto, ¡jamás! Aún tengo grabada en mi retina la desoladora imagen de sus diminutos cadáveres amarillos, flotando picoabiertos y panzarriba sobre las agitadas aguas asesinas. Todavía lo recuerdo y, al rememorarlo, mis ojos se anegan en lágrimas y mis gemidos convierten en risas los desconsolados lamentos del atribulado Aquiles, arrodillado ante el cadáver inerte de Patroclo. (Muy a mi pesar, debo añadir que sobre el número de pollos verdes que corrieron igual suerte no hay estadísticas fiables).

Pero lo que hace más doloroso el recuerdo es el saber a ciencia cierta que la tragedia pudo haber sido evitada. Simplemente hubiera bastado con que mi hermano y yo, en lugar de corretear gozosos bajo la tromba y tratar de llevar a cabo obras de ingeniería imposibles (excavando surcos por los alrededores de la casa, construyendo diques que no soportaban una mínima embestida, en definitiva, haciendo el idiota), hubiéramos desatascado el orificio que comunica el calce –conducto donde las innombrables evacuan sus apestosas secreciones– con el estercolero –reducto donde las anteriores permanecen a la espera de fertilizar las verdes praderas–. Y, más aún, el saber que nuestros juegos ocurrieron a pesar de las advertencias de nuestro padre (cuyo ancestral pesimismo sus herederos hemos sabido asimilar con ejemplar aprovechamiento), quien no cesaba de gritar desesperadamente: "¡Cuidado, hijos míos, que os arrastra la corriente!", cuando el agua apenas nos lamía la roña de los talones.

Sirvan estas apesadumbradas líneas como homenaje a aquellos doce inocentes, cuyo recuerdo perdurará por siempre en la memoria de quienes tuvimos la fortuna de conocerlos, aunque fuera brevemente. Pío, pío[1].

Mi amigo C.

C. es un tipo curioso. Puede decirse de él que además es un tipo con suerte: siempre tiene la misma edad. Bueno, exactamente la misma no, suele permitir oscilaciones dentro de un intervalo de cinco años. Este dinamismo a veces le trae problemas, sobre todo, cuando las oscilaciones ocurren en un intervalo de cinco horas. Me explico: una noche C. yació y, al despedirse, su pareja, que había quedado complacida, comenzó a anotar

[1] Pacem in occisos.

sus datos personales: "Así que te llamas C., vives en Mesón de Paredes y tienes treinta y cuatro, treinta y cinco, treinta y seis, treinta y siete y treinta y ocho años..." Pobre C., del susto se le cayó el tinte. Naturalmente, al día siguiente cambió de tinte.

C. es un tipo lógico: no le gusta pagar. Tiene las uñas raídas de tanto rascar los códigos de barras en VIPS. Según confesión propia, detesta la ley de la gravedad; por eso, nunca deja caer a su libre albedrío la bolsa de cebollas sobre la balanza del Champion. De entre todas las plantas C. prefiere el cactus por su modesto consumo de agua. Por razones obvias, C. prefiere tener amigos anoréxicos.

Mi amigo C. se alimenta principalmente de Friskas, que detrae diariamente de la ración de su gato. Para lograrlo sin despertar sospechas usa trucos maliciosos como, por ejemplo, poner películas porno para que el gato, que es un degenerado, se despiste. Siguiendo las directrices de la OMS y de la FAO, C. equilibra su dieta con cinco piezas de fruta diarias, a saber, tres uvas y dos cerezas (las uvas, pasas).

Hablando de gatos, otra cosa que a C. le indigna es la pretensión de RENFE de hacerles pagar billete, aunque sean menores de cuatro años. Por eso, cuando coloca a su gato en el vagón, debidamente embalado y sedado con una sobredosis de Valium, C. huye precipitadamente hacia el vagón-restaurante. A veces tiene mala suerte y el revisor detecta la maquinación, pero él siempre sale del apuro con dignidad. En una de estas ocasiones, C. se encontraba tomando un vaso de agua del grifo al lado de una señora. A la pregunta insidiosa "¿De quién es el animalito?" formulada por el revisor, C. respondió ofendidísimo: "La señora viaja sola".

A veces C. es honesto; por ejemplo, dos días después de que le atracaran tres moros y le robaran el reloj, y él protestara aludiendo al valor sentimental del botín y, en justa reciprocidad, los moros le dieran una bofetada, admitió: "Realmente, me la merecía". Por cierto, aquel reloj, así como casi todos los complementos deportivos con los que C. se adorna, había sido hallado "casualmente" en los vestuarios del gimnasio. Está claro, a C. le deprimen las oficinas de objetos perdidos.

Ordenadores, periféricos y C.

Hace siete años C. compró un ordenador. Desde entonces lo ha usado en una sola ocasión para escribir el siguiente mensaje: TIREN LA BASURA AL CONTENEDOR, CERDOS. Después de escribir tan acertada proclama, la impresora se estropeó y nunca más ha vuelto a funcionar. En lugar de reparar la impresora, C. ha complementado su ordenador con los siguientes accesorios (porque una persona de talante aristocrático no puede vivir con menos): una pantalla extraplana de 17 pulgadas, que funcionaría si alguna vez fuera encendida, y un ratón inalámbrico que no. Yo le he recomendado que eche el ratón al gato, porque el pobre está en los huesos, pero C. opina que la privación y la vida ascética forjan santidades, y que además el ratón queda muy bien junto a las tapas del Quijote que compró en un todo a cien, y a las que había pegado una etiqueta con precio astronómico, rascada en una muy selecta tienda de antigüedades.

C. impera en los bares

A mí me da un poco de vergüenza ir de copas con C. Esto ocurre porque soy una persona antigua (además de vieja) y tengo por costumbre beber y pagar. C., sin embargo, asegura que los bares son instituciones benéficas y que como tales su función es garantizar la felicidad de los clientes. ¿Conocen ustedes algún cliente cuya felicidad sea garantizada cuando paga su consumición? C. no, y por eso nunca consume. ¡Ajá!, pero es que hay bares en los que un energúmeno se está paseando continuamente entre la clientela haciendo la detestable pregunta "¿qué va a tomar usted?" a quien ve con las manos vacías. No es problema. Cuando C. entra en un bar sigue invariablemente el procedimiento cuyos pasos a continuación enumero:

–Permanecer durante unos cinco segundos junto a la puerta.
–En esa posición, otear con mirada penetrante todos los rincones del establecimiento.
–Descubrir una botella de cerveza vacía.
–Abalanzarse como un halcón sobre la presa.
–Llevarse la botella a los labios cuando el energúmeno se acerca.

Es cierto que C. ha padecido candidiasis, herpes labial y cagaleras múltiples, pero amigo, cuando están en juego los principios a C. no le arredra ni el diablo.

C. visita el quirófano

Hace algunas semanas C., víctima de la enfermedad nefanda, hubo de visitar el quirófano. En qué consiste la enfermedad nefanda es algo que, por decoro, no les voy a explicar, pero sí apuntaré algún indicio para que los más avispados de entre ustedes sepan a qué atenerse. La enfermedad nefanda anida en el tracto rectal. Son sus manifestaciones más notorias, a saber, picazón, sangrado ocasional y abultamientos de muy mal ver.

Puesto que no es enfermedad apta para ser aventada a las muchedumbres sin menoscabo de la propia fama, días antes de la operación C. hizo saber a sus compañeros de trabajo que iba a ser operado de un pie y que su recuperación requeriría una semana de baja laboral.

Culminada la operación con éxito, C. solicitó un parte médico que justificara su ausencia, y al recibirlo... ¡horror! ¡Allí aparecía el nombre infame de la dolencia, escrito con tantas haches y dobles erres como la corrección morfológica aconseja! ¿Qué hacer ante esta tropelía? ¿Cómo salir de semejante atolladero? Apesadumbrado, C. decidió no hacer uso del trágico manuscrito.

El 11 de noviembre, lunes, C. volvió al trabajo, se sentó en su silla y automáticamente salió disparado hacia el techo, empujado por una fuerza descomunal. Cuando, tras permanecer empotrado en el ventilador varios minutos y dar muchas vueltas aleteando con brazos y piernas con mucho estilo, su superiora le preguntó a qué se debía tan extraño comportamiento, C. explicó que el cirujano se había equivocado de "pie", socorro, bájenme de aquí.

Mi sobrino Dienteduro

Si ustedes observan a mi sobrino Jesús, verán a un joven robusto con ojos ligeramente achinados y una dentadura modélica. Sin embargo, esto no siempre ha sido así. Si ustedes hubieran observado a mi sobrino Jesús hace cinco años, habrían visto a un niño medianamente robusto con ojos ligeramente achinados y una dentadura... cómo podría decir... asilvestrada. Dicho de otro modo, tenía los dientes frontales superiores dispuestos horizontalmente. Quiero decir, paralelos al suelo. Quiero decir, a un suelo plano.

Yo, que soy de natural optimista y siempre pienso en el beneficio, enseguida le encontré una funcionalidad a esta disposición dental tan peculiar. Llegada la primavera, lo tumbé boca abajo con los dientes hincados en la tierra, le cogí de los pies y así, arrastrando y arrastrando, la campiña fue quedando tan escolásticamente roturada que un día Isidro, santo labrador, se me apareció y me pidió prestado el apero.

Mi sobrina Doña María de los Semáforos

Mi sobrina María tiene cuatro años. Es una niña preciosa y encantadora, pero tiene carácter. En cierta ocasión, estando sentado frente al televisor, le

Inmaculate C.

di un cariñoso achuchón que ella interpretó, sin ningún fundamento, como pellizco. Se plantó delante de mí y, después de componer un puchero entremezclado con una terrible mirada de odio –aún tiemblo cuando lo recuerdo– y tras rebuscar meticulosamente en su arsenal de improperios, me dijo: ¡Capuuullo! Todavía hoy mi corazón de tío llora desconsolado tamaña afrenta.

Nota aclaratoria: El nombre Doña María de los Semáforos se debe a que en sus primeros años escolares mi sobrina recibía semáforos como calificaciones. ¡Tranquila, María, nunca desvelaré cuál era su color!

Mi sobrino Diego

¡Hay que comer más, Diego!

Por qué los pedagogos deberían ser deportados a Siberia

Mi sobrino Jorge, que es un niño inquieto y muy activo, comenzó sus estudios de guitarra clásica hace aproximadamente un año. ¿Y qué tiene que ver eso con los pedagogos? ¡Pero cómo son ustedes! ¡Hay que explicárselo todo! Pues verán, antiguamente la enseñanza de la música se servía de herramientas tan sofisticadas como pentagramas, claves, notas, medidas y algunas otras excentricidades análogas. Esto fue así hasta que un día llegó un pedagogo iluminado y se dijo a sí mismo: "¿Pero cómo va a entender esto un niño si no lo entiendo ni siquiera yo?". Y a partir de entonces, colores. Es decir, la música a partir de entonces se enseña con colores. Tras un año de dedicación intensiva, el repertorio de mi sobrino Jorge, que no es daltónico y además es muy listo por parte de tío, se compone exclusivamente de "El patio de mi casa es particular". ¿Se imaginan ustedes lo que supone escuchar a un niño inquieto y muy activo tocando, una y otra vez, "El patio de mi casa es particular"? ¡Pero si es que, encima, su casa no tiene patio! Colores... ¡Siberia!

Por qué los pedagogos deberían ser deportados a Auschwitz

Durante las últimas vacaciones tuve la oportunidad de examinar el contenido de los libros de inglés, correspondientes al cuarto curso de la enseñanza primaria, de mi sobrino Diego. ¡Qué preciosidad!, ¡qué dibujos!, ¡qué animales!, ¡qué colorido! ¿Y el inglés? Bueno, tampoco exageremos. Algo sí había. Aproximadamente dos palabras por página. Examinando después los cuadernos de ejercicios, ya corregidos, pude observar repetidamente el siguiente comentario: "Falta colorear". Colores... ¡Auschwitz!

Por qué los pedagogos, después de ser deportados a Auschwitz, deberían ser gaseados

Hace unos cuantos años propusieron cambiar el recreo por un segmento de ocio.

La solución

Es muy fácil criticar las propuestas de los pedagogos y despotricar contra ellos y sus herederos, y echarles la culpa del fracaso del sistema educativo, pero, ¿hay alguien capaz de proponer algo mejor? Sí. ¿Quién? Yo.

He aquí mis propuestas:

a. Fusilar a todos los pedagogos.
b. Decapitar a todos los padres.
c. Exterminar a todos los alumnos.
d. Dar a los profesores muchos complementos adicionales (para que se vayan al Caribe y allí se los coman los tiburones.)

Me voy, que esto está que arde.

El humor es un arma cargada de peligros

He comprobado, a lo largo de mi carrera docente, que conviene al profesor ser cauto en el uso y administración de chistes. También he comprobado que los chistes preparados con antelación nunca funcionan. Lo digo en serio. Da igual que el profesor haya pasado en vela toda la noche, retorciéndose de risa mientras imagina el efecto de su arte en los alumnos, porque nunca funcionan. Para corroborarlo les voy a relatar mi última experiencia en este delicado campo. En una de mis clases magistrales de introducción a la programación presenté a los alumnos un programa muy simple que multiplicaba seis por tres. A continuación, para convencerles de la inutilidad de escribir programas que producen siempre el mismo resultado, les puse el siguiente ejemplo: "Para eso, mejor me apunto dieciocho en el capullo y cuando quiera saber cuántas son seis por tres, consulto. Claro que si la cifra es demasiado grande... por ejemplo nueve mil trillones... pues a lo mejor a alguno no le cabe". Bien, estaba esperando una carcajada espectacular, cuando empecé a notar que algo no había funcionado. ¡Qué miradas de asco y de reprobación! Aturdido, dejé que las solapas de la camisa engulleran mi cabeza y a través de los ojales me puse a mirar a la pizarra, y comencé a farfullar blasfemias y escribir ecuaciones, a cual más absurda. ¡Por favor, díganme que el chiste era bueno!

Material docente

De entre los muchos problemas que les he formulado a mis alumnos de programación estoy particularmente orgulloso de uno que ilustraba el

cálculo de las operaciones división entera y módulo (cociente y resto para los que vienen del campo y para nuestros abnegados hombres de la mar). El problema decía así:

Un hombre provisto de gabardina reparte caramelos a la salida de un colegio. Si el número de caramelos que tiene el hombre es X y el número de niños abordados es Y, ¿cuántos caramelos recibe cada niño?, ¿cuántos le quedan al hombre para su disfrute personal?, ¿por qué le detuvo la policía?

El efecto *föhn*

Algunas tardes de otoño el aire del norte se torna espeso e irrespirable. Extraños fenómenos mudan el carácter de las gentes, habitualmente pacíficas, y trastornan el pausado flujo del tiempo. La causa es el viento Sur.

Procedente de África, el Sur se interna en tierras de España y, tras atravesar la meseta, se desliza sediento y ululante por la cordillera, resecando los campos y absorbiendo toda la humedad del aire. El cielo adopta un insano color azul, solo interrumpido por los ribetes dorados de las pocas nubes que resisten al fuego abrasador. Es el efecto *föhn*.

Así como se sabe desde antiguo que invocar a Santa Bárbara espanta al trueno, y quemar en el hogar laurel bendito ahuyenta al rayo, no se conoce ensalmo, ni sortilegio ni apósito alguno que prevenga los efectos devastadores del temible viento. Cuando las ráfagas comienzan a silbar, con un chirrido que recuerda a aquel cuyo nombre es mejor guardar a buen recaudo, las miradas se vuelven torvas y los pasos acechantes, los ojos se inyectan en sangre y la jaqueca y la migraña se apoderan de las mentes y quiebran la rectitud de las almas.

Procure el caminante sorprendido tomar albergue en la primera posada que encuentre en el camino y, una vez en ella, enciérrese bajo cuatro llaves en su alcoba, evitando todo contacto con la mesonera y ayunando si fuera menester, pues en su zurrón no hallara provisiones.

Casos se han descrito, incluso en el seno de familias modélicas, en los que bajo el efecto *föhn* el hermano gruñera a la hermana y la suegra a la cuñada. Fue bajo este efecto cuando tía Mari-Yeyi **[TMY92]**[2] pronunció su celebérrima frase, "Dios mío, que año llevamos, primero se muere la abuela, luego se muere la burra...". Bajo el mismo efecto tuvo lugar el deceso de la burra. Respetemos la memoria de la abuela.

---

[2] **[TMY92]**. Tía Mari-Yeyi. *My God, what a fucking year!* Hoja Parroquial XXIII, pp. 3-5. 1992. Ediciones Pentecostés.

Mentiras sobre la hipocondría

Si te duelen las piernas y obviamente deduces que tienes una arteriosclerosis de caballo, y ves con tus propios ojos cómo un ateroma de dos kilos se desase de la pared arterial y emprende viaje arriba, hacia el cerebro, y estás a punto de sufrir un ictus, la gente dice que eres hipocondríaco. Si te sale un lunar nuevo en la mano, que clarísimamente es una metástasis del tumor avanzado que tienes en el estómago, como prueba el hecho de que esta mañana has tenido reflujo, a pesar de que anoche solo bebiste diez cervezas, la gente también dice que eres hipocondríaco. La gente dice que eres hipocondríaco incluso si te crees vaca loca porque anoche, cuando volvías a casa, tropezaste varias veces con el suelo y las frases te salían raras, síntomas inequívocos de una descoordinación solo atribuible a un cerebro agujereado. La gente habla por hablar.

Nuestra Señora del Manzano

Érase una vez un barrio llamado Lavapiés, situado en el centro de una ciudad de cuyo nombre no voy a acordarme para mantenerles en tensión. Era el regidor de esta ciudad, por elección popular y bendición divina, un beato llamado Nuestra Señora del Manzano.

Lavapiés había sido, en sus buenos tiempos, un barrio castizo, poblado de gente humilde, tolerante y acogedora. Sin embargo, bajo la égida de Nuestra Señora, Lavapiés se convirtió en un infierno. ¿Cómo pudo ocurrir tal cosa? Pues ocurrió porque a Nuestra Señora le preocupaba, por sobre todas las cosas, la salvación de las almas; y si para salvar las almas los cuerpos hubieran de sufrir tormentos, más precioso sería el salvamento.

Cerca de Lavapiés existía una plaza llamada de los Carros. En esta plaza unos jóvenes habían tomado por costumbre expresar sus sentimientos mediante el aporreo de timbales, desde el atardecer hasta esas horas de la madrugada en que la decencia está proscrita. Durante mucho tiempo los vecinos protestaron ojerosos y somnolientos, pero a Nuestra Señora le importaba un bledo, y se decía dolida: "Encima de que lo hago por su bien, mira cómo me lo agradecen los muy diablillos". Ocurrió, sin embargo, que una tarde el cura párroco de San Andrés, ermita situada en el centro de la plaza, anunció la suspensión de la misa de siete y media porque el ruido de los bombos interfería el culto. ¡No puede ser!, se dijo Nuestra Señora, y a continuación envió a sus legiones municipales que, a la sazón, se hallaban custodiando las bragas de la Almudena, a sitiar la plaza, y sitiada estuvo hasta que los jóvenes se hicieron viejos y muchos de ellos ya habían muerto.

Nuestra Señora del Manzano era también idolatrada bajo la advocación de Siempre Virgen del Perpetuo Granito. ¿Por qué razón? Pregúntenselo al

Guadarrama, pero algo tenía que ver su principal afición: pavimentar las calles con granito, construir plazas de granito, hacer árboles de granito, etc. En una ocasión Nuestra Señora, que estaba haciendo campaña electoral, se apareció en una plaza de Lavapiés y fue recibida con un tremendo abucheo. Ofuscada, se quitó el halo y lo lanzó contra la muchedumbre, hiriendo a cientos de personas, entre las cuales había mujeres, ancianos y niños (digo esto para que les dé más pena). ¿Cómo podéis hacerme esto a Mí, que os he llenado de granito? ¿Acaso no comprendéis que cuando os atraquen y os derriben, y de resultas os rompáis vuestras vacías cabezas contra el suelo pulido, las heridas se os infectarán menos? Pero los vecinos no lo entendían porque eran acémilas de cortas miras.

Si alguien pasea hoy en día por Lavapiés podrá observar un fenómeno curioso: cuando el anochecer recoge el manto tendido por la aurora y el firmamento se viste de luto, de todas las ventanas emerge una luminosidad procedente de cirios encendidos. Los vecinos de Lavapiés, que se han vuelto hoscos y desagradecidos, están orando; solo le piden a Dios una cosa: que Nuestra Señora ascienda a los cielos cuanto antes para encontrarse con su amiga Almudena. No les importa si abducida, impelida, coceada o en globo pero, por Dios, que suba cuanto antes, piensan ellos.

Pekín castizo

Permítanme ustedes recordarles que hubo un tiempo en que Lavapiés era un barrio castizo, perteneciente a una ciudad de cuyo nombre no voy a acordarme, por mucho que me insistan. En la actualidad, Lavapiés sigue siendo un barrio castizo, pero de otra ciudad: Pekín.

La panadería San Onofre's, el bar Ceferino's, la peluquería Marisa's, la mercería Etelvina's, la ferretería Remigio's y todos los demás establecimientos' que formaban el tejido comercial del barrio han desaparecido. Junto con ellos han desaparecido los mosaicos de cerámica que adornaban sus entradas, y que hacían de Lavapiés un barrio singular. Hoy en día los comercios de Lavapiés se denominan Yu Min, Chu Lapa, Cho Chon, Chao Chao... Son tiendas de venta de ropa y baratijas al por mayor a las que los vecinos no tienen acceso. El precio de una barra de pan en Lavapiés es el triple que en otros barrios, porque los vecinos, que siguen siendo pobres, tienen que tomar el metro para comprarla. Ahora, además de ser pobres, se están quedando en los huesos.

Aunque nadie sabe con certeza cómo se ha producido esta transformación, casi todos los vecinos la atribuyen a un milagro de Nuestra Señora, que además de velar por las almas vela también por las siluetas (contra lo que se ha escrito en este libro, muy a la ligera, algunos párrafos más atrás). No faltan, por supuesto, los maldicientes que propalan el infundio de que algún servidor de Nuestra Señora –más concretamente, el que otorga las licencias para abrir comercios de tanta utilidad social– se está forrando. No les voy a dedicar ni una línea. En este libro solo tienen cabida las personas decentes.

Milagros de Nuestra Señora

Hubo un tiempo en que la ciudad regentada por Nuestra Señora se vio asolada por una plaga terrible: la violencia machista. Año tras año, cientos de vecinos (principalmente mujeres) sufrían malos tratos y, en algunos casos, incluso morían a manos de sus cónyuges.

A Nuestra Señora esto le parecía fatal y se decía atribulada "no puede ser, no puede ser...". Así que un día, después de tener una visión, convocó en asamblea a toda la feligresía y, entre el clamor de trompetas y cantos celestiales, anunció: lo que tienen que hacer las parejas es mirarse a los ojos, y así reinarán por doquier el amor y la armonía. Y a partir de entonces la felicidad se instauró en la ciudad y las conversaciones conyugales eran una delicia:

–¡Cariño, mírame a los ojos!
–Los tienes amoratados.
–Por dos puñetazos.
–Que yo te he dado.
–¡Alabada sea Nuestra Señora!
–¡Por siempre bendita y alabada!

El gimnasio municipal de La Latina

Lo primero que se ve al entrar a la sala de musculación del gimnasio de La Latina son siete bicicletas estáticas. Lo primero que se siente al montar en ellas es que no son bicicletas estáticas: son bicicletas reumáticas, artríticas y, además, gruñonas. Junto a las siete bicicletas, el gimnasio expone dos cintas para correr, que solo los más veteranos recuerdan haber visto funcionando al unísono.

Los usuarios del gimnasio de La Latina utilizan habitualmente paraguas. ¿Un capricho? No. ¿Entonces...? Verán, el techo del gimnasio municipal de La Latina está agujereado. Con una frecuencia aún no determinada, por los boquetes, colocados en lugares de paso estratégicos, fluye un chorro que los más optimistas consideran compuesto de agua, pero al que algunas malas lenguas atribuyen una naturaleza menos cristalina. Ya en la sala de máquinas, el paisaje es espectacular: aparatos visigóticos entremezclados con mancuernas precolombinas componen un conjunto a cuyo lado el Museo Británico no pasa de todo a cien. Como ven, una maravilla para los amantes del arte.

¡Cómo está la docencia!

¿Alguna vez han tenido ustedes que dar clase a un grupo de tarados? ¿No? Entonces ustedes nunca han tenido que dar clase al grupo A de la Ingeniería Técnica en Informática de Sistemas de la Universidad Complutense en el curso de Nuestra Señora 200?/200?+1. Omito los detalles, pero en verdad os digo, hermanos, que en algunos supuestos el aborto no debería estar permitido. Tendría que ser obligatorio.

Y aún puede ser peor…

No cito el curso ni la carrera porque las acusaciones son muy graves, pero sí la asignatura: Matemática discreta. Ocurrió que había dos chicas, cuya procedencia multicultural no voy a especificar, que querían hacer la carrera, y como vieron que en la Complutense se hacían carreras, en lugar de dirigirse a la calle de la Montera, se dijeron a sí mismas: "¡Ándele, aquí se matriculan las mendas!" Y en clase, siempre se les caía el boli. Coincidió que, además de las mendas, concurrieron en el grupo unos mendos resultantes, al parecer, de una mutación genética maligna de las heces de los fetos del apartado anterior. El resultado fue explosivo. A mí no me importa lo que ocurra por debajo de los pupitres, siempre y cuando no haga ruido y, sobre todo, no salpique. Pero hacía mucho ruido…

¡Tremendo disgusto el que me llevé cuando en junio catearon todos, toditos, tooodos, tooodos…! ¡Ándele!

Perder es intolerable

No hace mucho tiempo concursé a una plaza de Titular de Escuela Universitaria –si me lo permiten, una mierda de plaza para todo un señor doctor como el que abajo suscribe– en una conocida universidad española. Perdí. Y si hay algo que a mí me saca de quicio es perder. A otra gente le saca de quicio el machismo, la extinción del urogallo en Cantabria, el obispo de Mondoñedo, José Luis Moreno, morirse, etc., pero a mí lo que me saca de quicio es perder.

Lo que sigue es una carta que escribí al tribunal responsable de la ignominia, y que nunca les envié a sus miembros, en previsión de que alguna vez les vuelva a tocar juzgarme. Se preguntarán ustedes: ¿Y cómo te atreves a hacerla pública en estas crónicas, si todavía no eres funcionario? Pues se lo voy a decir con mucha claridad: porque cuando estas crónicas se hagan públicas y yo me haga famosísimo y me vuelva a tocar un miembro le amenazaré con escribir otras. He de informarles a ustedes que los nombres que voy a utilizar aquí son ficticios, pero en las próximas... ¡nombres, deneís y apellidos de la más estricta autenticidad! Astuto, ¿verdad?

Querido tribunal:

Das asco. Ya sé que siempre que un candidato es derrotado en un concurso piensa que se ha cometido un atropello; no debe extrañar por tanto que yo piense lo mismo. Pero mi caso es diferente, ¿no os dais cuenta, gilipollas?, ¡yo era el mejor!...

Nota: Perdonen, pero en el último momento me ha dado pánico incluir la carta completa, porque era durísima. Tengan en cuenta que podría ocurrir, aunque parezca impensable, que no me hiciera famoso con estas crónicas y, claro, después ustedes a gozar y yo a que vivan las nanas de la cebolla.

Petición de excusas

Habrán notado ustedes que el estilo de la carta anterior dista mucho del tono amable en el que está escrito este libro. ¡Cuánto lo siento! ¡Qué van a pensar de mí a partir de ahora! Si estuviera en mis manos les juro que la retiraría, pero ya saben, la tinta es indeleble y lo indeleble, por definición, es imborrable. Así que, por favor, lean lo que viene a continuación que, si bien no justifica en modo alguno mi conducta, al menos puede ayudar a explicar mi indignación.

25 de Septiembre

La opinión de la calle (encuesta de urgencia realizada junto a la Sala de Grados tras la intervención del candidato Don Víctor Ángel de Lavín y de la Puente).

Pregunta: ¿En su opinión, qué sucesos han conmocionado más al mundo a lo largo de los últimos cien años?
Respuestas:

- 70%: El 11-S y la intervención de Don V.Á.L.P.
- 25%: La intervención de Don V.Á.L.P. y el 11-S.
- 5%: La expulsión de Chenoa.

Lo que dice la prensa...

- The New York Times: “He knows better...”
- Chicago Herald Tribune: “...Wow!...”
- Los Angeles Times: “...Yeah!...”
- L'Oservatore Romano: “Va fan culo, X[3].”
- Le Monde Diplomatique: “Sur le pont de La vin on y dance on y dance...”
- The Yellow Chinese: “Eles el mejol...”

[3] Un miembro del tribunal particularmente abyecto.

- El Correo de Lavapiés: “Marcial, tú eres el más grande...”

26 de Septiembre

La opinión de la calle (encuesta de urgencia realizada junto a la Sala de Grados tras el anuncio de la decisión tomada por el tribunal).

Pregunta: ¿De entre todos los crímenes cometidos contra la humanidad en los últimos dos milenios, cuáles destacaría usted por su especial crueldad?

Respuestas:

- 70%: La defenestración de Don V.Á.L.P y la crucifixión de Cristo.
- 25%: El 11-S.
- 5%: La expulsión de Manu Tenorio.

Lo que dice la prensa...

- The New York Times: “AMERICA UNDER ATTACK!...”
- Chicago Herald Tribune: “...Wow!...”
- Los Angeles Times: “...Outrageous!...”
- L'Oservatore Romano: “Va fan culo, X.”
- Le Monde Diplomatique: “C'est la fin de La vin...”
- The Yellow Chinese: “Elas el mejol...”
- El Correo de Lavapiés: “La cagaste, Marcial...”

Extracto de la memoria que, para optar a una plaza de Titular de Escuela Universitaria, presentó D. Víctor Ángel de Lavín y de la Puente con escasísimo éxito

La costumbre establece que en todo proyecto docente aparezca un apartado dedicado al método de evaluación de las asignaturas. También establece que los candidatos prologuen dicho apartado exponiendo que lo ideal sería la evaluación continuada, pero que dada la masificación que sufre la universidad no queda más remedio que recurrir a los exámenes, bla, bla, bla, y que, una vez escrito esto, los candidatos se sientan glorias pedagógicas y se emborrachen. Yo no, yo primero me emborracho y después escribo lo siguiente (cito textualmente):

Es muy frecuente comenzar este apartado componiendo una oda elegíaca a la evaluación continuada, y continuar profiriendo lamentos desgarradores –que aterrarían al mismísimo Jorge Manrique, de no haber seguido este, hace ya algún tiempo, el sabio ejemplo de su padre– ante la imposibilidad de llevarla a la práctica. Suele ser corolario inmediato una lluvia de golpes de pecho y flagelaciones en la espalda, ante lo inevitable de tener que recurrir a los muy difamados exámenes. Pues bien, yo ni me golpeo ni me flagelo. Más aún, no tengo ningún reparo en reconocer que, en mi opinión, los exámenes, además de ser un excelente método de evaluación, son un instrumento formativo de primera magnitud.

Frente a la primera afirmación es común oponer tres argumentos: jugársela a una sola carta, los nervios y Einstein. Nada que objetar al primero, excepto que si los conocimientos son sólidos, es decir, si no han sido adquiridos en el último momento, bajo la influencia de dios sabe qué brebajes o pastillas, es fácil ganar la partida. En cuanto a los nervios, solo se me ocurre que conviene dominarlos. Y con respecto a Einstein, además de certificar que casi nunca viene a clase, mi más cordial enhorabuena.

Por otra parte, y para justificar la segunda afirmación, pienso que la situación en la que se encuentra un alumno al enfrentarse a un examen es un modelo para muchas situaciones a las que habrá de hacer frente en su vida post-universitaria; situaciones en las que deberá tomar decisiones rápidas y certeras, "jugándoselo todo a una carta", sin dejarse atenazar por "los nervios" y, por supuesto, sin que Einstein acuda en su ayuda. Bla, bla, bla.

Y ahora algo sobre aspectos pedagógicos...

Otro aspecto relevante en la docencia es el tipo de herramienta a utilizar para impartir las clases. Las nuevas tecnologías ofrecen instrumentos cuyo grado de sofisticación se incrementa continuamente (desde las humildes transparencias, pasando por los cañones, hasta llegar a Internet). En mi caso, debo decir que, como material de apoyo a la docencia, utilizaré fundamentalmente la tiza, material noble donde los haya y de solera universalmente reconocida. La razón que me mueve a ello es que considero fundamental, cuando se está enseñando a programar, mostrar el proceso de construcción de los programas en toda su crudeza y, además, en tiempo real, lo que significa, entre otras cosas, que no deben aparecen repentinamente fragmentos de código que posteriormente se explican, que muchas veces es necesario volver atrás y deshacer lo hecho (o añadir algo nuevo) y, lo más importante, que de vez en cuando tienen que aparecer errores involuntarios.

Es cierto que, por ejemplo, las transparencias, mediante el uso del juego pseudo-erótico de enseñar ahora un poquito y ocultarlo después (o viceversa), permiten simular este proceso. Sin embargo, no lo muestran en toda su excelencia (ni con todas sus miserias), entre otros motivos, porque normalmente se preparan con suficiente cuidado, de forma que el error (y la vergüenza consiguiente, para quien la tenga) no tenga cabida en el proceso.

Para concluir este apartado, voy a hacer algunas consideraciones sobre la relación profesor/alumno. En mi opinión, tiene que quedar claro, desde el principio del curso, que el profesor es el jefe (un jefe benigno, simpático y benévolo, pero un jefe). Por otra parte, creo que se debe evitar cualquier tipo de paternalismo. Por ejemplo, se suele hacer hincapié en la necesidad de que el alumno participe en clase y, para conseguirlo, es frecuente recurrir a métodos que oscilan entre el ofrecimiento de golosinas y la violencia más extrema (como forzarle a que "salga"). Me parece una falta de respeto. El alumno que llega a la universidad ha alcanzado la mayoría de edad y, por tanto, se le ha de suponer criterio suficiente para decidir qué le conviene. Esto no es óbice para que me parezca razonable aprovechar el discurso de bienvenida para, además de vestir las mejores galas y seguir los rituales al uso, explicar las diferencias entre la universidad y los centros de los que el alumno procede, elogiar la constancia en el estudio y los saludables beneficios que de ella derivan, y mostrar el porcentaje de aprobados en cursos anteriores (por supuesto, no con el ánimo de asustar, pero sí de sobrecoger). Bla, bla, bla.

Y ahora unos retazos de crítica literaria. Lo habitual en este tipo de proyectos es que el aspirante comente los libros de texto que propone para el seguimiento de las asignaturas, adornando el comentario con afirmaciones tan sagaces como "presenta los conceptos con claridad y los ilustra con suficientes ejemplos", o bien "los conceptos son presentados con claridad e ilustrados con suficientes ejemplos", o incluso "los conceptos se presentan con claridad y se ilustran con suficientes ejemplos".

Yo no.

R. Elmasri, S. B. Navathe. Sistemas de Bases de datos. Conceptos fundamentales. Addison-Wesley Iberoamericana.

Enciclopedia Británica, a juzgar por su tamaño, de las bases de datos. Nulo rigor en el tratamiento del cálculo relacional. Rigor mortis en el tratamiento de la teoría de la normalización. Su traducción al castellano causa mucha desazón. Magistral definición de base de datos como "conjunto de datos lógicamente coherente, con cierto significado inherente". Espectacular la denominación "usuarios paramétricos" (obsérvese que Tim Burton aún no había filmado "Mars Attack" cuando este libro fue escrito). Sorprendente el hallazgo de "trabajadores tras bambalinas" para definir a quienes ayudan a diseñar y mantener las bases de datos (o sea, a los trabajadores tras bambalinas).

J. D. Ullman, J. Widom. Introducciún a los sistemas de Bases de Datos. Prentice Hall.

En este libro, Ullman, quizás asustado por Widom –ver foto en la contraportada–, abandona los universos platónicos de las ideas, las demostraciones y los teoremas, para serpentear por eriales más trillados. Una pena. O tal vez no.

C. J. Date. An Introduction to Database Systems. Addison-Wesley.

Reliquia pleistocénica, habitual en las bibliografías sobre bases de datos. Indudable valor arqueológico. (Existen versiones actualizadas que, sinceramente, no he leído).

W. I. Salmon. Introducción a la computación con Turbo Pascal. Addison-Wesley Iberoamericana.

Este texto utiliza el diseño modular prácticamente desde el inicio. Los programas están tan sobrecargados de comentarios, aserciones e invariantes, que las instrucciones se tornan fantasmales (o, al menos, invisibles para quien, como el que aquí de ello se jacta, goza de una soberbia miopía, adornada con una no menos soberbia dosis de astigmatismo y, de postre, un queratocono). A pesar de la sobrecarga anteriormente aludida, es el único libro, de entre los que yo he consultado, capaz de calcular 1/0 al resolver determinadas potencias enteras, sin que el ordenador estalle, lo cual es sin duda muy meritorio.

S. Leestma, L. Nyhoff. Programacián en Pascal. Prentice Hall.

Monumental mamotreto poco apto para ser cargado en mochila. Su uso continuado provoca disfunciones del coxis. Contiene una extenuante colección de ejercicios. Insalubre. Por lo demás, bien.

Ahora que caigo en la cuenta, ¿a ver si va a resultar que el tribunal tenía razón?

Alerta: fenómeno en las aulas

Querido Departamento:

Independientemente de que des asco, quiero anunciarte lo siguiente:

–Que cuando ya todos los profesores responden automáticamente "pues haber traído dodotis" a aquellos examinandos que dicen hacerse pis en medio de la prueba, estos últimos (el delito siempre va por delante del código penal) han ideado un nuevo subterfugio para salir de las aulas y regresar después con los exámenes airosamente resueltos. Ahora sangran por la nariz.

–Que después de analizar cuidadosamente estos hechos he llegado a la siguiente conclusión:

- *El estrés prexaminal induce un adelanto de la menstruación incluso en los varones o*
- *vienen hartos de coca o*
- *aquí hay tomate*

Es por ello que solicito una reunión extraordinaria del Consejo del Departamento con un único punto a tratar en el orden del día, a saber, que todo profesor acuda a su examen acompañado de un equipo interdisciplinar que integre a un ginecólogo, un cocálogo, un discriminómetro sangre/ketchup y un sonajero.

Ya sin más, iros todos a la mierda
Víctor

El Retiro

Qué bonito es El Retiro, y pisar el manto de castañas que el otoño extiende generoso sobre el vasto enrejado de caminos que se prolijan y bifurcan, y serpentean y se juntan abrazando gentilmente los islotes arbolados de exóticas especies que motean el recinto ¡aire! Lo malo es que a veces te equivocas de castaña y por allí había pasado un perro.

Consultorio jurídico

Estimado a quien corresponda:

He degollado a una víbora mientras segaba un prado con una desbrozadora. Mi pregunta es la siguiente: ¿Tienen derecho los huérfanos, según la jurisprudencia viperina, a tomarse la justicia por su mano?

Suyo afectísimo,
Vete a la mierda

Si se calla el cantor…

Muchos de ustedes se estarán preguntando dolidos qué fue de aquel niño poeta tan prometedor al que tuvieron la oportunidad de conocer hace muchos años. ¿Tal vez la informática frustró su carrera de bardo? ¿Acaso la Ciencia le absorbió las Letras? ¡Pero cómo pueden ser tan desconfiados! Vean, vean. Vean cómo, tras haber comenzado abordando la lírica bucólica con inigualable brillantez, el niño Rosalía devino maduro poeta del más descarnado realismo social. Su obra cumbre, dentro de este género, es un poema de Gloria Fuertes que el niño, ya adulto, compuso mientras se columpiaba en un parque. Se titula "Columpios".

La niña corría,
pilimpím, pilimpete,
y mientras corría
se rascaba el ojete.
Columpios.

Ojete, ojetivo,
arriba y abajo,
y encima el ombligo.
Columpios.

La niña bajaba,
cagalán que cagada,
arriba y abajo,
a su madre apestaba.
Columpios.

Putón verbenero
de enero a febrero,
y el resto del año,
que son diece meses,
lo paso en culeros.
Bidés.

Carajón, carajito,
¿quién es la más bella?
¿la Bella o la Bestia?
¿la Bestia o la Bella?
Una centella.
Columpios.

Muchas gracias.

CRÓNICAS DE BARCELONA

En el año 1994, un adulto de proporciones helénicas y belleza normanda, nacido en Rubayo, provincia de Cantabria, tomó un autobús y se desplazó a Barcelona, provincia de Barcelona, dotado de una beca. Ese adulto, que era yo, ni vomitó ni ventoseó. Ese adulto era una joya.

Mi primer gran trabajo de investigación

Querido doctorando neófito:

Hoy ha llegado para ti el gran día. Por fin vas a asistir a una conferencia impartida por una eminencia venida de un lejano país. Te has duchado y perfumado, no has desayunado, estás nervioso y, sobre todo, te estás planteando las siguientes preguntas: ¿qué me pongo?, ¿dónde me pongo?, ¿cómo me pongo?

La primera pregunta es de muy difícil respuesta. Los manuales al uso aconsejan vestir el traje regional del lugar de procedencia del conferenciante, como símbolo de respeto y muestra de cariño. Sin embargo, esta solución es a veces difícil de implementar, bien porque no es posible conseguir los tejidos adecuados (no consigues una piel de foca cuando el conferenciante es esquimal) o porque el traje te queda fatal (la eminencia viene de Escocia y tú tienes varices). Por lo tanto, querido doctorando, yo te recomiendo que te pongas un tanga, prenda muy discreta y de elegancia universalmente reconocida.

Con respecto a las otras dos preguntas (y a cuantas se te pudieran ocurrir) solo te puedo decir una cosa: sigue leyendo, que pareces tonto.

MANUAL DE ASISTENCIA A SEMINARIOS
(Impartidos en lenguas foráneas)

Abstract

Ante la absoluta carencia de breviarios dedicados a una materia de tan vital importancia para ti, doctorando neófito, me he permitido redactar un compendio de normas, basadas en mi experiencia personal, que espero te sea de provecho y te ayude a escapar de situaciones comprometidas. El presente manual recoge de forma exhaustiva todas las situaciones que pudieran hacer peligrar tu reputación, proporcionándote asimismo remedios para poder salir airoso de la prueba.

Keywords

Ponente, precaución, risa, huída, sospecha.

1. DE LA UBICACIÓN

Es indispensable encontrar un lugar discreto desde el que, mirando de soslayo, se puedan controlar las reacciones de la audiencia para estar así en disposición de tomar las decisiones oportunas en función de las mayorías dominantes.

2. ACTITUDES DIVERSAS

2.1. De la risa

Conviene distinguir dos apartados:

i)Solo ríe un miembro de la audiencia. Significa que no ha entendido nada o que tiene un pésimo sentido del humor. En ambos casos se recomienda mirarle fijamente a los ojos, con actitud desaprobadora.

ii) Ríe aproximadamente la mitad de la audiencia. Es clarísimo que se ha producido un chiste, y conviene por tanto obrar en consecuencia, i.e., sumándose al coro, pero siempre procurando que la propia risa no sea la última en apagarse.

2.1. De los gestos

Resulta elegante esbozar periódicamente un gesto dubitativo, ya sea frunciendo ligeramente el ceño, ya sea apoyando el dedo índice en la sien y el pulgar en la mandíbula con el resto de los dedos recogidos sobre la palma de la mano. En cualquier caso, se considera prudente no alargar excesivamente este gesto, para que quede claro que lo que durante un instante no entendimos era la parte y no el todo.

2.3. De los objetos personales

Es de buen gusto ejecutar algunos movimientos esporádicos con el bolígrafo, pero tomando siempre la precaución de que nadie tenga acceso a contemplar el monigote resultante.

2.4. Del protocolo

No conculca el protocolo efectuar en los momentos álgidos de la charla leves balanceos de asentimiento –no confundir con cabezadas, de las que se distinguen por el brusco movimiento de reflujo con el que concluyen estas últimas y el efecto desolador que producen en el emérito– o de negación, según el docto profesor este aseverando o refutando.

3. SITUACIONES PELIGROSAS

Al finalizar la conferencia es fundamental huir con celeridad del recinto, lo que, aparte de dar impresión de gran actividad, evita tener que hacer comentarios sobre la trascendencia de lo tratado. Si en la diáspora, a pesar de todo, el fugitivo es atrapado, debe procurar conversar sobre aspectos anecdóticos, tales como la pintoresca pronunciación de la *th* por el expositor o cualquier otro asunto de similar relevancia. En el caso dramático de que el perseguidor no se dé por satisfecho –posiblemente tiene indicios de sospecha– y continúe su labor inquisidora, solo resta simular una lipotimia.

4. AGRADECIMIENTOS

Quisiera agradecerme especialmente a mí mismo por las útiles sugerencias y los perspicaces comentarios que han hecho posible la redacción de este informe.

(Este trabajo ha sido parcialmente financiado por una beca FPI del MEC)

Por qué odio las lentillas

El último sábado decidí quedarme en casa con el sano propósito de dedicarme a la limpieza doméstica y recuperar así algunos metros cúbicos de espacio habitable. En esta situación consideré conveniente liberar mis ojos de los plásticos que habitualmente ocultan su selvático verdor y cubrirlos con los repulsivos vidrios que tanto afean mi figura.

Entrada ya la madrugada y satisfecho el espíritu por el trabajo bien realizado, me dispuse a entregarme al descanso reparador, no sin antes repetir mecánicamente las operaciones habituales previas al yacer. Así pues, con gesto triunfante arrojé sobre el lavabo el contenido del minúsculo receptáculo donde reposaban plácidamente mi bastón y mi perro, dejando que el agua corriera libre por las turbias cañerías. Naturalmente, al introducir los dedos en los ojos en busca de lentillas descubrí con pavor que allí solo había legañas.

El siguiente movimiento, tras unos minutos de espeluznantes alaridos, fue tratar de buscar la vista perdida en el recodo inferior de la tubería que desagua el lavabo, con tan escasa pericia y tan mala fortuna, que al primer golpe de alicate surgió un torrente tal que a su lado Iguazú no es sino lágrima furtiva. Por supuesto no hallé ni rastro de lo que buscaba, que en aquel momento debía de estar atravesando ya el estrecho de Magallanes.

No quisiera terminar este triste relato sin solicitarles que en sus ratos de ocio visiten las pescaderías del barrio y escruten con detenimiento los ojos de los besugos que allí haya expuestos, y me hagan notar si en ellos observan algo de interés.

El miembro

Nos duchábamos los atletas solazadamente en las termas del gimnasio, tras una jornada de duro pelear contra infernales aparatos, cuando por las puertas del hidrocutorio hizo su presencia lo que en principio pareciera trompa de mamut. Nuestra sorpresa fue mayúscula, Quevedo me disculpe, al comprobar que un doncel seguía, adosado sin sutura, a tan colosal estructura.

Presos de incredulidad y, por qué no decirlo, humillados de vergüenza, abandonamos nuestros enseres (jabón, esposa e hijos) y cubriéndonos el pudor como buenamente pudimos –no eran necesarios grandes lienzos– en ciega desbandada huimos y fugitivos proseguimos hasta el alba del tercer día después.

El pescado

Carísimo.

De los peligros de las adicciones

Tumbado en el sofá y viendo un partido de fútbol encendí un cigarrillo. Una esquirla de tabaco se aventuró sobre mi pecho desnudo por el rigor del estío, y se posó suavemente en la zona colindante con el axilar derecho. Mi reacción fue instantánea y fulminante; con extrema virulencia elevé mi brazo diestro y, mediante un manotazo certero, envié media gafa y un octavo –la porción que se extiende desde la oreja derecha hasta el extremo

del entrecejo opuesto a ésta– a vigilar los salmonetes que en esos momentos estaban siendo fritos (muy a su pesar) en la cocina. En honor a la verdad debo decir que el resto de la gafa –es decir, una gafa menos cinco octavos– permaneció, mostrando una lealtad inquebrantable, mansamente colocada en sus dominios habituales.

De compras

Estos días estoy de compras. Hace un momento he ido a las tiendas de Campus Nord para comprarme una camisa y me han vendido una camisa, un sujetador, un polo y tres calzoncillos, uno de ellos rojo, para la Nochevieja. Ahora voy a ir al Corte Inglés con la intención de comprar una cazadora; espero que no me vendan también una cubertería, una sombrilla, una cámara de gas y una lavadora. Pero no me fío. Y es que está visto que no hay nada como tener una personalidad fuerte y acusada.

Vacaciones con sobrinos

Tras muchas y laboriosas investigaciones, he descubierto un método infalible para tratar con niños y promover su conversión en ciudadanos respetables. El método, que expongo a continuación por si les pareciera de utilidad, consiste en realizar periódicamente ataques preventivos. Es decir, supóngase que inexplicablemente la bestia está tranquila y sin molestar a nadie. Entonces, sorpresivamente, se le arrea un bofetón que le causará, sin duda, mucha desazón y no menos picazón. Aturdida, la bestia se preguntará "¿por qué a mí?", "¿qué he hecho yo para merecer esto?", etc., con la agradable consecuencia de que continuará tranquila durante un buen rato y traumatizada a medio plazo.

Aún no he podido calibrar con exactitud la frecuencia idónea de los ataques, pero les prometo información al respecto tras las próximas vacaciones. Sería interesante que experimentaran ustedes el método para provocar un fecundo contraste de pareceres y, en su caso, convocar un congreso del que sin duda surgiría una auténtica revolución pedagógica.

La retención

Disfrutaba el doctorando, sentado plácidamente en el banco de un parque, del tibio calor de los últimos rayos solares, y se maravillaba del ágil danzar de las mariposas describiendo helicoides, caracocardios, meandrinas y quebraedros, y otras fantásticas figuras que los sabios geómetras aún no han logrado descifrar, cuando vino a turbar su paz, malhaya el día, una pareja de gendarmes que le conminaron a mostrar su documentación y a permanecer allí confinado y las manos quietas, y a no temer pues ellos estaban allí tomándole preso para salvaguardia de la seguridad de los ciudadanos pacíficos, y ocurriendo que el reo no portara tales documentos se le inquirió si alguna causa tenía pendiente con la justicia, y el reo tembloroso contestó negativamente a menos que el Santo Oficio mantuviera abierto algún expediente, y los esbirros le previnieron contra tales burlas que no eran tales pero sí eran burlas, y a punto estuvo el reo de contraer santo matrimonio no con una sino con dos esposas simultáneamente y de consuno incurrir en delito polígamo, y ya se veía preso de por vida en oscura mazmorra si no en la hoguera, y a su mente acudían Juana de Arco y el hedor de la carne quemada y el dolor de los huesos quebrados y el potro de tortura y las uñas arrancadas y la piel hecha jirones, y su anciana madre, de pena hondo mar, bañada en lágrimas y soportando con mansedumbre las miradas ponzoñosas y los pérfidos comentarios de aquellos crótalos que, teniendo desatendidos a sus consortes y a sus vástagos desafectos, hacen del comadreo profesión y del vituperio religión, y la vergüenza y el oprobio asolando como plaga de langosta lo que antaño fuera remanso de paz y cristiano hogar. Y todo por llevar la cazadora raída, supongo.

El Mesías (El doctorando anuncia su próxima visita a San Sebastián)

La Anunciación

¡Arrepentíos!, pues el día está cercano.

El Advenimiento (disposiciones)

Habrá de ser localizado un lugar apropiado, si fuera posible poblado de pinos, donde el Anunciado pueda aparecerse, rodeado de grandes prodigios, en todo su esplendor. Asimismo se le proveerá de pollino bien alimentado, que le servirá de montura durante el triunfal desfile que será celebrado en su honor.

Serán declarados tres días de júbilo local, durante los cuales los balcones estarán engalanados con leyendas laudatorias, la muchedumbre arrojará pétalos y gritará enfervorecida "Hosanna", y el pecado será perseguido de oficio.

El Cortejo (disposiciones)

Irá precedido por dos hileras de doncellas vírgenes, que cubrirán sus cabellos con guirnaldas de mirto y mostrarán un pecho descubierto, el derecho las de su izquierda y las de su derecha el izquierdo. Seguirán una sección de granaderos y una cohorte de prostitutas, sodomitas y altos dignatarios, pues en su reino nada sobra y todo cabe. Del mismo modo será fletada una escuadra de navíos, conducidos por esclavos nubios, que le

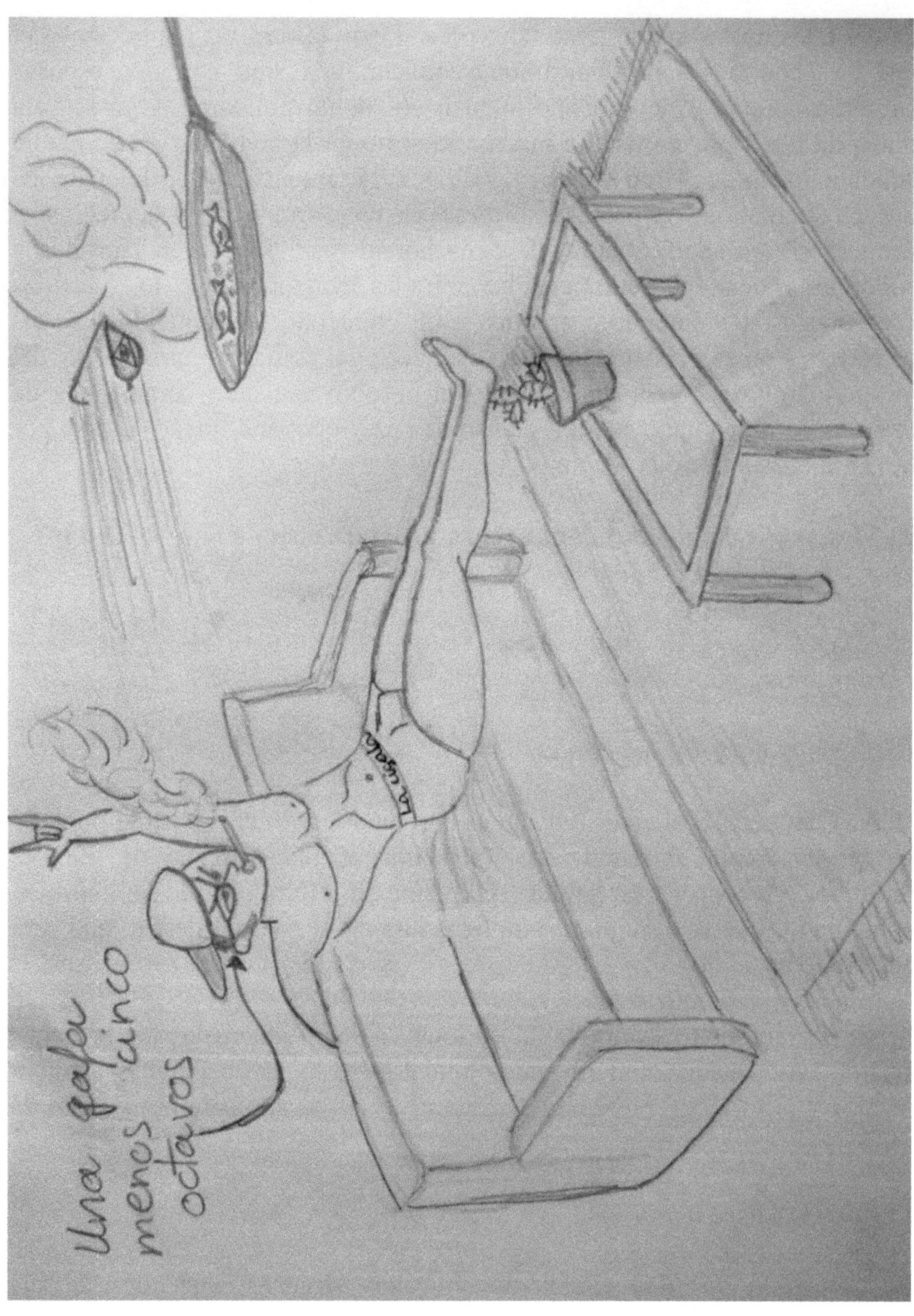

daría escolta si fuera de su agrado hacer una pequeña exhibición pedestre sobre las aguas, que en ese día permanecerán serenas.

El Banquete (disposiciones)

Se servirá cordero asado, lechuga y pan ácimo. Asimismo se proveerán doce ánforas repletas de agua, en previsión de que estuviera en su ánimo practicar uno de sus trucos predilectos.

Los comensales lucirán modestas túnicas de fieltro (ellos) y de lino (ellas), y calzarán sandalias de una sola correa (ellos y ellas). Quienes osaren transgredir estas normas, así como los niños, si alguno hubiere presente, serán de inmediato despojados de sus vestiduras y allí mismo desollados.

Disposiciones adicionales (disposiciones)

Al terminar los festejos prostitutas y sodomitas serán glorificados, las doncellas inmoladas, los esclavos empalados, y los granaderos y altos dignatarios degollados. Con sus despojos se encenderá una pira, y lo que sobre para jabón.

Exhortación

El Que Viene sabría apreciar que se le proporcionara un pequeño rincón en un establo y unas pocas briznas de paja, donde aposentar sus lacerados huesos y con las que enjugarse las mismas, respectivamente.

Crónica Gloria Mundi

Victori renuntiatur Ministerio esse in animo Nationalem Secundum Laude, in meritos suos reconocenda, sibi concedetur. Praemii asignatio, item summa gloria, magna fortuna conllevat, in 300.000 aurea peseta calibratur. Victorius non absolvebat imbecilem qui primum praemium habebat.

CRÓNICAS DE NASHVILLE

El viaje

¡Ay, Señor! Contra todo pronóstico, he tomado todos los aviones que debía y, además, lo he hecho en el orden preciso. El entrenamiento en el teleférico de Montjuic ha demostrado sobradamente su utilidad.

Lo que no entiendo es la manía que tienen los pilotos por subir y subir y subir. Dicen que 30.000 pies, pero si multiplicamos el ángulo de intromisión vertical detectado por el grado de erizamiento capilar medido, lo elevamos al índice de opresión mitral observado y le sumamos la habitual constante de pánico, una de dos, o éstos calzan mucho pie o a mí las cuentas no me salen. Yo creo que lo prudente sería volar a la altura de los gorriones, y así, en caso de apuro, poder saltar y agarrarse a la rama de un ciprés. Pero, en fin, ya se sabe que con los violentos es inútil tratar de razonar.

Como anécdota contaré que me fue dado como compañero de viaje un hombre de negocios, natural de Chicago. Tras un breve intercambio de formalidades, le dije que me daba miedo volar y dejó de hablarme durante cinco horas. Cinco horas después me preguntó algo que no entendí, pero astutamente le recriminé con la mirada el haberme hecho una pregunta tan estúpida y dejé de hablarle para toda la vida.

El viaje (el mito de las azafatas)

La mitad se parecía a Mildred, la de los Roper. La otra mitad se parecía al propio señor Roper. (Esta aguda observación va dirigida al lector que supera la cincuentena, el otro puede pensar en Sor Jerónima de la Fuente, y si no sabe quién es, que visite el Prado. Zoquete.)

El viaje (a la recherche de la peur perdue)

Ha sido frecuentemente observado por gentes de mucha sabiduría que, aun siendo de menor tamaño la cobra que el mamut, la cobra puede resultar mucho más ponzoñosa. Pues cobra fue el viaje de Atlanta a Nashville, a pesar de durar solo media hora. A mitad de trayecto un bache sideral, seguido de un picado casi vertical, obligó a una azafata a componer –con técnica depuradísima, hay que admitirlo– una preciosa semivoltereta, de forma que los pasajeros que ocupábamos las filas 17 a 30 pudimos opinar unísonos, al tiempo que nos persignábamos y vomitábamos, que la inspirada empleada debería cambiar con mayor frecuencia de bragas. El resto de las filas no pudo participar en el referendo, por carecer de elementos de juicio suficientes.

Americanos

¡Ay, Señor! No escapa a la mirada del observador atento un cierto grado de bienestar y desarrollo tecnológico entre los nativos, cuyas costumbres son, por otra parte, bastante similares a las nuestras; baste señalar, como prueba, que son predominantemente bípedos, aunque algunos –absuélvase la repugnante apreciación– se vuelven decápedos en las sombrías horas de la digestión. Su dieta es escasamente variada, pero muy rica en porquerías.

La villa de Nashville

Situada en una encrucijada de caminos, la villa de Nashville ostenta la capitalidad del estado sureño de Tennessee. Denominada también "La Atenas del Sur" (con el mismo fundamento con que podría ser proclamada "La Lepe del Norte"), es sede de varias universidades, todas ellas privadas (nótese que, en este país, la privacidad es un principio muy respetado). Su clima es impredecible, aunque, con muy escaso margen de error, podemos afirmar que por la noche está bastante oscuro y por el día menos. Dos cosas diferencian a Nashville del resto de las ciudades del mundo: tiene más ardillas que bares y tiene más iglesias que ardillas.

The Villager Tavern (miércoles)

A unas pocas yardas del punto donde convergen la Avenida 21 y la calle Capers, el doctorando sediento encuentra una pintoresca taberna, en la que, según informan algunos folletos, se reúnen los exiliados europeos una vez por semana. Movido por la noble intención de practicar otras lenguas, el forastero traspasa el umbral de la taberna con paso firme y gesto altanero. Tres horas después, completamente borracho, reflexiona y toma conciencia de que la única frase que ha salido de su boca a lo largo de la noche ha sido "Waiter, another beer!". Para estropear aún más la situación comprueba horrorizado que, de tanto apuntar al barril de cerveza, se le ha quedado un dedo en postura colombina, y teme que con la llegada de los primeros fríos lo que ahora parece excepción pueda convertirse en norma.

The Villager Tavern (sábado)

Esta vez tuve más suerte. Utilizando el viejo truco de dejar el paquete de Ducados sobre la barra, para que los curiosos pudieran interesarse por la procedencia del prodigio, conseguí que se me acercara Jim. Al poco rato descubrí que estudiaba Divinity y, en un acto reflejo, retracté las pezuñas por debajo de la mesa y con el rabo me hice un turbante. Sin embargo, algo debió notar (quizá se me escapó alguna ventosidad con olor a azufre), porque inmediatamente desapareció, aunque tuvo la elegancia de presentarme previamente a Tim. Así me arranquen las uñas, no pienso desvelarles que Tim estudiaba Filósofi y Rilichos.

La dama nórdica

Existe un tipo de dama nórdica, de cuerpo enjuto y cara de dromedario, que cuando se encuentra con un caballero latino, especialmente si este es joven y bien parecido, sospecha invariablemente que está siendo desnudada con la mirada, cuando en realidad se la está vistiendo con un traje de cofrade, capirote incluido, y encima una gabardina (de doble botonadura, por si queda alguna duda).

Harto ya de esta clase de encuentros, decidí darle una lección al último virote que tuvo la osadía de mostrar una actitud tan descortés. Así pues, le dije, en perfecto castellano, estas palabras: "Guarda tus tesoros para Atila, sapo vespertino, que por cuanto a mí compete, bien pudieras meterte una lechuga por el ojete".

The BBC (Bloody Blonde Crocodile)

Durante mi primera estancia en Nashville compartí casa con el matrimonio formado por J., que era valenciano, y L., que era americana. Había contactado con ellos desde Barcelona y, tras un copioso intercambio de *e-mails*, habíamos acordado los términos del contrato de alquiler de una habitación. Cuando llegué a Nashville, J. y L. estaban esperándome en el aeropuerto. El recibimiento fue apoteósico; J. era encantador, L. era encantadora y yo para qué decirles. Sin embargo, una pequeña sombra planeó desde el primer momento sobre nuestra relación: L. era rubia y culona.

J. y L. formaban un matrimonio ideal. Él se encargaba de la limpieza, la comida y la compra, mientras que ella dirigía las operaciones y hacía cerámica para mantener el equilibrio psíquico. Bueno, no solo hacía cerámica; además, consumía un promedio diario de dos kilos de pastillas. Añadiré más, no solo consumía un promedio diario de dos kilos de pastillas sino que también obligaba a J. a consumir kilo y cuarto.

Mis relaciones con L. comenzaron a ir mal cuando me negué a consumir tres cuartos, que era, en su opinión, la dosis iniciática adecuada. Aunque sospecho por qué razón estas relaciones empeoraron dramáticamente a partir de la tercera semana de convivencia, no se lo voy a decir a ustedes, porque este es un libro de certezas en el que no tienen cabida ni la especulación ni la conjetura y, además, yo soy un caballero. Sí les quiero informar, sin embargo, de que a partir de ese momento descubrí que L. era *The Bloody Blonde Crocodile,* y de que a partir de ese momento yo conocí el infierno. Les informaré también de que lo que hasta entonces había sido un ramillete de sonrisas seductoras (a tiempo y a destiempo) se transformó repentinamente en una selecta colección de muecas Rottenmeier.

Les juro que hice muchos esfuerzos por mantener nuestras relaciones dentro del campo de la civilización occidental. Por ejemplo, cuando L. se apeaba del coche y decía "Please, take my hand, I'm such a delicate flower...", yo pensaba "If and only if a cactus is a delicate flower", pero no decía nada y le tomaba la mano, porque yo también sé fingir y soy muy occidental.

En todo caso, mis esfuerzos resultaron vanos. En una ocasión, estando en la Facultad, L. me acusó de haberle robado el bolso. ¿Motivo de su acusación? Yo era el principal sospechoso. ¿Por qué? Pues se lo voy a decir a ustedes sin tapujos: porque nunca te quise... te quise... Mejor, lo dejamos. Claro, ustedes comprenderán que pasar de ahí a ofrecerme restos de galletas trituradas como desayuno no tiene mucho mérito. ¿Se imaginan mis sentimientos? ¡Tratarme como a un perro! ¡Ella, que era un cocodrilo! Y lo que es peor, resulta que su máxima aspiración era ser nombrada Fallera Mayor. ¡Como si los cocodrilos pudieran llevar peineta!

Mi mejor trabajo de investigación

Dear Professor Rahul,

First of all, let me tell you that I hope you to have a terrible headache, or maybe a stomachache, or perhaps an assache, or whatever ache you could have. Secondly, let me ask you a favor. I'd like you to referee a paper I've been working on, which is included below. All your comments, criticism, enthusiasm and insults will be welcome. Finally, if it is not abusing too much of your confidence, please, transmit my bests regards to everybody, save the Bloody Blonde Crocodile.

On the BS-RS Problem

V. Lavín
UPC

Abstract

One of the most challenging open problems along the last centuries is the so-called *BS-RS* problem. Though many human as well as financial resources have been devoted to research on this exciting subject, results have been deeply discouraging so far. Informally speaking, the *BS-RS* problem consists in deciding whether *Bullshit* smells better than *Rahulshit* or the other way around. Here we prove that *BS* smells not only better, but also much better than *RS*. We use in our proof some techniques borrowed from Beavis and Butthead, as well as probabilistic and statistical arguments. As a corollary we show an analogous result for the dual class *BP-RP*, i. e., *Bullpiss-Rahulpiss.*

Keywords

Shit, piss, fuck, prick, cunt, ass,...

Theorem 1 *BS* smells (much) better than *RS.*

Proof Let *s1, s2* be samples of the same cardinality taken from *BS, RS,* respectively, and let *F* denote a sufficiently large set of hungry flies locked in a cage. Now pick at random two pieces of shit, say *ps1 (ps2),* from *s1 (s2),* and drop them in the North Pole (South Pole). Once the whiteness of the poles has been stained, it only remains to release *F* in Ecuador, wait, ask, and collect opinions.

Here they are: 90% of angry North Pole flies said to our reporters: "It sucks! It's not worth to make such a long trip to taste such a light shit!". On the other hand, smiling South Pole flies unanimously expressed their satisfaction by saying: "It's cool! I can't believe it's not butter!", and so we are done.

Corollary 1 *RP* is yellower than *BP*.

(The proof is left to the reader.)

Conclusions

Although our proof, in spite of being a short step for a man is a giant leap for mankind, there still remain some interesting open questions related to our work. For instance, is *BS-RS FUCK*-learnable in the well-known Valiant's paradigm? Unfortunately, we are not able to answer this question. However, we conjecture the answer is "yes", shitographics assumptions provided.

Acknowledgements

The author is especially indebted to Professor Rahul for gently providing a significant sample of his own shit, so that experiments could be run successfully. He is also deeply grateful to an anonymous bull for analogous reasons.

(Submitted to TOILET'95)

The review

Hi Víctor,

I am really really sorry that I didn't reply for so long but was quite busy. My comments on your paper follow:

1. The problem being targeted (ambitiously) has been open for the last 23 years (since my birth). Many eminent theorists have tried to get an approximate shitprint by hanging around my toilet but it has always eluded them. The PAC approach is also useless since my shit does not conform to any known distribution.

2. The algorithmic technique of using flies is a genuine contribution of this paper and will make a lot of problems easier to solve. A sample of flies should be made available by ftp for the non-believers.

3. The complexity analysis of the technique is not covered. The query complexity is obviously one but the time complexity has been omitted. The author should accompany the flies on their journey to estimate the time complexity.

4. The author should himself eat some of ps1 and ps2 in the spirit of true scientific curiosity.

5. Citing Beavis and Butthead has proved that the author is indeed well read in the area of BS-RS decidability.

6. The corollary should be extensively proved so that the suspicious reader is convinced.

7. The time complexity of the problem can be made constant by smearing samples of shit on your own face and then releasing the flies in the next room. However your body odor might drive the flies away so I guess the choice of the poles was a wise one.

8. The ecological damage to the poles due to the author's filthy presence would appear to irreparable and a general notice to that effect will save future explorers from a horrible death.

9. I think that this paper rightly belongs to TOILET'95 and will recommend your name for best paper. I did pass on your regards to everyone and they all say a hi. Write soon you sonnamabitch. I miss having your despicable presence around.

Yours,
Professor Rahul.

CRÓNICAS DE CHICAGO

Adiós, Bible Belt...

Pero no tan rápido. Cuando el botijo que cubre la línea Nashville-Cincinnati despegó del aeropuerto, creí que por fin quedaba atrás, para siempre, la cohorte de adventistas, creacionistas, metodistas, evangelistas, baptistas y demás aberraciones, que infesta los estados sureños de USA.

¡Qué ingenuidad! Mi compañero de viaje –un señor de refinadas maneras que había viajado por todo el mundo– resultó ser un ministro baptista. El motivo de sus viajes era fundar nuevas sedes de la secta. Tras explicarme cómo la asociación con los baptistas fuerza a Jesús a quererte más adentro, me hizo prometer que visitaría alguna de sus iglesias durante mi estancia en Chicago y me dio su bendición. Un poco después me salieron granos.

Atrapado en elele.

Ya decía Santa Eulalia, la que de día calzaba sandalias, que la vida del parásito está plagada de renuncias y privaciones, y que donde unos comen berzas el becario come coles. Por esta razón, y no por otra, al llegar a Ohare, en lugar de tomar un taxi, cargué con todo mi equipaje y monté en el "L", que es como aquí llaman al metro.

La travesía discurrió sin incidentes notables; no me perdí en los cambios de línea, nadie me escupió en la cara, no fui atracado ni asesinado, etc. Sin embargo, como muy bien dijera Santa Tomasa, la que de día se quedaba en casa, el diablo mucho labora y poco descansa, y donde menos se espera la liebre salta. Y así, muy ciertamente, la trampa estaba tendida donde menos se podía sospechar, o sea, en la salida.

Para salir delele hay que atravesar una puerta giratoria, formada por hierros que se entrecruzan, y que se asemeja mucho a algunos instrumentos que pueden verse en cualquier exposición sobre la Santa Inquisición. Pues heme ahí, atrapado en una jaula por el Santo Oficio, las maletas enganchadas en los hierros y sin poder avanzar un pasito hacia adelante, ni retroceder un pasito hacia atrás. Un *cowboy* que estaba esperando dijo *shit*, y tenía muchísima razón, pues eso estaba a punto de adornar mis patitas de atrás.

De cómo el frío altera la naturaleza de las cosas.

La ciudad de Chicago es con razón conocida por el sobrenombre *The Windy City*. Siguiendo el proverbio que sugiere “allá donde fueres, haz lo que vieres”, mientras paseaba por una hermosa alameda estimé acorde a etiqueta ejercer de “ciudadano ventoso”. ¡Maldita sea la sabiduría popular, malditos los refranes y malditos todos los proverbios, pues a continuación verán ustedes cómo el frío pudo lo que no pudo el *cowboy*!

Resulta que, una vez lanzado el primer torpedo, al contacto con las bajas temperaturas lo que debiera haber sido gas se condensó, se licuó, se semisolidificó y, muchísimo peor aún, por doquier se desparramó. ¡Quisieran poder imaginar qué lento fluía el tiempo y cuán rápida la inmundicia mientras, prietas las nalgas, recios pasitos, me dirigía a casa en busca de cobijo!

Afortunadamente, y siendo que Dios siempre se apiada de los cándidos, la casa estaba vacía, y así pude entregarme, manguera a toda presión en mano, a asear el desatino y devolver a mis posteriores el lustre que nunca debieran haber perdido.

Para terminar este lamentable capitulo diré que, una vez encerrados los cubreposaderas y los calcetines bajo siete bolsas de plástico, la normalidad quedó restablecida, si bien ahora me veo hinchado como un globo, tal es el pavor que le tengo a atender las salvajes llamadas de la naturaleza. Una cosa más; para que se sepa que no soy rencoroso, quisiera acrecentar el refranero, que con tanta crueldad me ha tratado, con una nueva máxima, a saber, “Chicago, Mepringo”.

El Príncipe de los Lagos
Chicago, Noviembre de 1996.

Atrapado en Engelhart Hall

Ya decía San Epifanio, el que de día regaba geranios, que cuando no se padece funesto infortunio se sufre nefasto escarnio. Es por ello, y no por otro motivo, que el apartamento en el que vivo se compone de dos habitaciones privadas, y cocina y baño compartidos.

La noche del pasado domingo –afuera cayendo la nieve pura– estaba en la cocina, friendo salmón para celebrar que era festivo, y con la puerta de la habitación cerrada por si el olor de la ropa y los problemas con los canadienses. Exhalaba el salmón su último suspiro, cuando me di cuenta de que la llave de la habitación estaba dentro de ésta, en el bolsillo del vaquero. Durante una hora no hice nada, excepto cantar “María de las Mercedes” para aliviar el confinamiento.

Tenía ya las cuerdas vocales inflamadas como oleoductos cuando, en un acto de bravura que enamoraría a la mismísima Cleopatra, decidí salir del apartamento en busca de auxilio. Vistiendo calcetines blancos y calzoncillos negros me aventuré por los pasillos y, tras llamar a varias puertas, un estudiante me hizo saber que el edificio disponía de SNA (Servicio Nocturno para Atontados) y muy amablemente se puso en contacto con el vigilante de turno.

Si el estudiante que me socorrió era hiena, estaba partiéndose de risa o era ciudadano coreano será por siempre objeto de controversia, pues ya decía Santa Cecilia, la que de día guardaba vigilia, que muy poco se discierne cuando no se llevan lentillas. Y como ya decía Santa Marta que, de lo que decían otras santas, empezaba a estar un poco harta, me propongo firmemente no volver a quedar atrapado nunca jamás, salvo que, como muy atinadamente observara Santa Dorotea, la que a fuer de guapa volviose fea, ocurra lo contrario.

Gym

Los americanos muestran, en general, muy poca paciencia con los extranjeros que apenas dominan el inglés. Cuando descubren algún titubeo o se ven obligados a repetir una frase, concluyen que el interlocutor está mentalmente jandicapado y, o bien dejan de hablarle, o bien empiezan a hablarle en indio. Este último es el modelo adoptado por la portera del gimnasio en sus tratos conmigo; nuestras conversaciones responden siempre al siguiente esquema:

–You OK?
–Me olala.
–Every thing good?
–All thing lolailo.
–You happy?
–¡Elele!

Belisario el Apuesto, Virrey de las Indias.
Chicago, Diciembre de 1996.

Más sobrelele

Quienes acostumbran a utilizar medios de transporte público saben por experiencia que, en toda travesía, conviene mantener constantemente los ojos bien abiertos, pues es frecuente que donde menos se espera ocurra lo insólito, que a lo insólito suceda a veces lo excepcional y –creo no exagerar– que lo excepcional sea en ocasiones preludio de lo extraordinario. Decidir a qué categoría pertenecen los hechos que a continuación se relatan es tarea que dejo a su discreción, si bien, desde mi punto de vista, no sería inapropiado calificarlos de sobrenaturales.

La línea roja del "L" atraviesa Chicago de Norte a Sur. Discurre unas veces bajo tierra y otras sobre un vetusto armazón de madera, que se eleva varios metros sobre el nivel del lago Michigan. (Aconsejaría a quien de verdad quiera conocer el paisaje metropolitano de Chicago –los contrastes entre áreas deprimidas, con sus edificios de ladrillo ennegrecido, y barrios acomodados, con sus edificios de ladrillo ennegrecido– que utilizara con frecuencia esta línea, aunque sin acercarse demasiado al sur, pues eso es ya territorio comanche.)

En uno de estos viajes –los dodotis siempre bien ajustados, por si acaso– llamó mi atención un adolescente muy elegantemente vestido y de rostro adonisíaco, que estaba sentado enfrente, un par de asientos a mi derecha. Su expresión profundamente grave y su gesto imperturbable llenaban el aire de un tenso misterio, y provocaban un extraño sentimiento de desazón en el resto de los viajeros.

Estaba admirándome de cómo a tan temprana edad se puede ser tan reflexivo, y preguntándome qué tremendas cargas pesarían sobre sus espaldas cuando, de repente, el serafín abrió la boca y soltó un chorro de tal calibre, que bien hubiera podido sofocar el incendio del Liceo, de haber tenido lugar este en el área de influencia del diluvio. Pero lo más asombroso de la escena fue el *postregurgito tempus*. ¡Qué saber estar!, ¡qué guardar la compostura!, ¡qué firmeza de carácter!, ¡qué no mover un músculo, excepto dos de los pies con los que chapoteó un par de veces sobre la ciénaga!

Supongo que estarán ustedes impacientísimos por conocer el contenido de la eyección. Sin embargo, y muy a mi pesar, solo podré esbozar escuetas líneas maestras y broncos trazos gruesos. Diré, en mi descargo, que hice verdaderos ejercicios de estiramiento y dislocación cervical para tratar de acercarme al evento cuanto fuera posible (siempre sin traspasar, claro está, los difusos límites que separan la sana curiosidad del simple ser cotilla). De todas formas, algo pude otear: el disolvente era totalmente transparente (si vodka o agua bendita, otros más sabios que yo juzgarán); flotando acá y acullá podían distinguirse minúsculas corporeidades de color purpúreo (si pimientos o amapolas, otros más dotados sabrán apreciar); finalmente, y a modo de guinda que todo lo corona, del centro del despropósito emergía una estructura prismática, de color lechoso y textura aterciopelada, que si patata frita o fragmento de solitaria, otros más informados decidirán.

Para terminar, quisiera hacer un par de reflexiones sobre lo que aquí se ha escrito, pues siempre conviene sacar provecho de los acontecimientos que nos es dado atestiguar, por muy irritantes que éstos nos pudieran parecer. La primera es que de Adonis a Baco dista menos que de Francisco a Paco. La segunda, de mayor calado, es que resulta muy triste comprobar cómo en las postrimerías del segundo milenio todavía hay hogares en los que se gasta toda la hacienda en aparentar, y en los que al caldo le llega tan poca sustancia.

De cómo el frío, sin enfriar en sí, congela

Apenas había acabado de echar gasoil a la cortamocos, cuando me puse el gorro. Gorro, guantes y bufanda son accesorios de primera necesidad en un clima de tan mal temperamento como el que aquí se padece. Nada tengo en contra de guantes y bufandas, pues al fin y al cabo, colocados con donaire, nos dan un cierto toque de distinción, y nos embellecen y hacen más deseables a los ojos de nuestros semejantes. Pero el gorro... La verdad es que hay caras que no son para gorros. Ya lo puedes ladear y descubrir media oreja, embozarlo hasta las cejas o ponértelo de moño, que no hay tu tía. Y es que hay caras que definitivamente no son para gorros. Y así me veo: luna llena con patas recorriendo los caminos y asustando a los mendigos, pues hay brillos que recuerdan a aquel a quien más vale no nombrar, por si las pezuñas y el rabo.

Thanksgiving

La infancia de mi amigo Matt fue harto desdichada. No había dado aún sus primeros pasos, cuando su familia, por mor de la fortuna adversa, se vio forzada a residir en una vivienda dinámica (una *roulotte* para quienes no sean de ciencias). Como resultado, Matt es poeta.

Cuando llega Thanksgiving, la familia tradicional americana tiene por costumbre reunirse y asar un turco. (Yo ni critico ni dejo de criticar, por aquello de que en boca cerrada no entran rinocerontes, y más vale morir de pie que de cagalera). Así pues, como Thanksgiving había llegado, el apesadumbrado Matt me invitó a compartir mesa, no con los dispersos restos de su familia, sino con un grupo de amigos, y muy gustosamente acepté la invitación.

Lo que no se me había advertido de antemano es que, en este tipo de banquetes, después de cada bocado es obligatorio decir *mmm!*, acentuando la eme del medio, o *excellent!* o *exquisite!* Total, que entre lo mal que se me da a mí acentuar las emes del medio, lo remiso que soy a decir pleitesías y lo del turco, la cena se me arruinó por completo.

Y dale conelele

Algunos de ustedes van a pensar que me paso el día montado en el “L”. Pues no, señorita, de vez en cuando me apeo para mear. Es por ello que el sábado, yendo de camino hacia Foster (la estación más cercana a Engelhart Hall), confraternicé con una placa de hielo y, tras un breve intercambio de pareceres, me rompí el pompis –eso sí, después de bordar un triple mortal con tirabuzón oblicuo longitudinal reverso, y no sin antes haberlo adornado con unas preciosas sevillanas–.

Llegué a Foster con el santuario hecho un basilisco y allí me encontré con que todas las puertas del tren estaban flanqueadas por soldados vestidos de rojo. Tembloroso y dolorido me dije "hay que ver cómo pasa el tiempo: en pleno diciembre y ya estamos a veintitrés de febrero". Afortunadamente, mi alarma resultó injustificada, pues los rojos centuriones no eran sino miembros de una patrulla caritato-benéfica de los *Guardian Angels*, organización no lucrativa que se dedica a socorrer ancianas y proteger la virtud de quienes la tengan. Ya dentro del tren, mi naturaleza científica me hizo observar una propiedad muy interesante: los americanos blancos están empobrecidísimos. Prueba de ello es que el dinero no les llega ni para viajar. En el "L" no se ve ninguno.

El Loop

Si hemos de creer a Sir Richard Saul Wurman, inefable autor de la guía de 2$ con la que me muevo por Chicago, *commerce, culture, and City Hall politics coalesce and collide downtown in the Loop, where movers and shakers make the world of Chicago go 'round.* Yo añadiría que algunas cosas más coalescen y collidan down there, pero no las voy a especificar porque éstas que ustedes están leyendo son unas crónicas elegantes.

Rodeado por Chicago Harbour al Este, Chicago River al Norte y al Oeste, y Chicago alcantarillas al Sur, el Loop es un colosal muestrario de la más exquisita arquitectura del siglo XX. Sus calles bulliciosas y ebrias de vitalidad, flanqueadas por torres inmensas, nos obligan a preguntarnos cómo es posible que todavía un terremoto justiciero no haya reducido a escombros la asquerosa villa de Nashville.

Sus habitantes, los lupitas, componen en variado mosaico de brokers, yuppies, gente acomodada e idiotas en general. Sin embargo, no vayan a pensar que todo son canonjías en la vida del lupita; y si no, fíjense en la pesarosísima vida de Santa Lupita del Niño Jesús, a la que ora le entraba un vahído, ora le daba un patatús. Abundando en este razonamiento, los habitantes de vecindades menos lujosas, ya sea por envidia o por sentirse injustificadamente discriminados, no parecen apreciar en exceso las cualidades de sus más favorecidos conciudadanos, y de ahí la expresión "lupita el último".

Existe cierta controversia sobre el origen del apelativo Loop. Una corriente de opinión sostiene que dicho nombre procede directamente del latín; yo, sin embargo, discrepo radicalmente de esta doctrina, porque si hemos de aceptar que de *lupus* deriva lobo, entonces, con el mismo fundamento, habríamos de concluir que de *pupus* deriva bobo, y a mí que me llamen bobo, vale, pero pupus no me lo llama ni mi padre. (Hope it makes sense).

Mucho más adecuados a razón parecen quienes afirman que el Loop debe su nombre al anillo de eles que lo circunda; han de saber ustedes que todas las líneas eleicas confluyen en el Loop y que, tras rodearlo amorosamente, estas mismas líneas se dispersan alegres y dicharacheras hacia los lugares más insólitos. Esta estructura anular resulta muy conveniente y beneficiosa para la población, pues permite relajar tensiones y solventar discordias de modo civilizado; así, cuando los lupitas se sienten encrespados o deprimidos, y tienen ganas de marearse, se suben alele y empiezan a dar vueltas, y el que más se marea, gana. (Hope it makes sense).

De napia congelatio

Nunca hubiera pensado que los diez minutos que separan el Tech de Engelhart Hall pudieran ser tan traumáticos. He aquí los hechos: por arriba, ciñendo la frente como una corona de espinas, el gorro; por abajo, cubriendo la boca como un bozal de verraco, la bufanda; y en el medio, ¡ay dolor!, mofletes y nariz, como dos capullos de rosa ribeteando un pimpollo.

He llegado a la conclusión de que lo que me mantiene la sangre caliente, y evita que me convierta en sapo, es la electricidad estática que, como aquí la energía es muy barata, carga incluso las chinchetas; así que no acabo de salir de un susto cuando ya estoy entrando en un solivianto. Tan atemorizado vivo, que estoy pensando en atarme unas latas de Campbell al rabo, por aquello de que a lo mejor vale más vivir como sapo hibernado que como vivaz saltaprados.

El encantador de serpientes

La ciudad de Chicago refulge espléndida por dos razones: tiene "L" y no tiene catalanes. Sobre lo segundo no añadiré explicación alguna, por innecesaria. Sin embargo, creo que el "L" merece algunos comentarios adicionales, pues nada define mejor la esencia de una ciudad que la naturaleza de su sistema de transporte metropolitano.

No voy a hablar aquí de la torpeza de sus señalizaciones, diseñadas, al parecer, por eruditos de la Lógica Revesiana, ni de la ininteligibilidad de sus audio-mensajes, pronunciados, parece ser, por prótesis dentales mal encajadas. De lo que verdaderamente quiero hablar es del elemento humano.

Dos son las categorías en las que el Boletín Oficial de Chicago clasifica a los usuarios del "L", a saber, los *hablasolos* (también llamados solilócuotas) y los *cantasolos* (o solicantos).

Sin embargo, ya decía San Bernardo, el que tenía lalelo largo, que de encasillamientos y categorizaciones quiera Dios que nos libre el Diablo. Saco esto a colación porque, tras una ardua tarea de investigación y aplicando rigurosamente la novedosa técnica *oculi miranda, portenti observanda,* he descubierto que a las dos categorías anteriormente citadas conviene, en aras de la compleción taxonómica, añadir una nueva: los encantadores de serpientes, también llamados *serpiencantos*.

Fue una fría madrugada de diciembre cuando, en la estación de Sheridan, un joven afro-americano irrumpió en el "L", blandiendo en su mano el cinturón que debiera estar ciñendo sus anchas calzas. En estas circunstancias, los más sombríos temores, producto inevitable del desconocimiento de sus intenciones, quedaron pronto disipados, al comprobar que, en lugar de emprenderla a latigazos con la muchedumbre, el joven se limitó, hipnotizado, a agitar enfrente de sí la correa, haciéndola serpentear grácilmente, mientras siseaba con desaforada energía "shshsh..."

Durante un cierto tiempo, los viajeros encuadrados en las dos categorías legalmente reconocidas continuamos dedicándonos a nuestros respectivos oficios, sin prestar demasiada atención a las evoluciones del intruso. Sin embargo, tras abandonar Thorndale, empezaron a dejarse ver las primeras manos tapando bocas y algunos mofletes sospechosamente hinchados. Ya en Jarvis, bastó con que un solo pasajero perdiera el control de sus ligamentos morrunos para que el resto, olvidando súbitamente lo que decía San Cipriano, el que tenía redondo el ano, acerca del respeto debido a las minusvalías del ser humano, estalláramos en una estruendosa carcajada. Muy poco dijo este comportamiento en nuestro favor, y mucho lo lamentaremos cuando llegue el Día.

El Loop (The Skyline)

Aprovechando que la temperatura había subido a -20° Celsius y que el sol brillaba con un esplendor que daba asco, una mañana fresquita de mayo cogí el de costumbre y tomé rumbo hacia el Sur para completar la gira que, por los cielos de Chicago, había iniciado algunas semanas atrás, visitando el miracielos de la Sears Tower.

La Sears Tower es el edificio más alto del mundo. Durante la noche, al mirar hacia abajo desde sus casi cuatrocientos cincuenta metros de vertiginosa verticalidad, sorprende por igual lo imbéciles que parecen los ciudadanos y la cantidad de luces que hay en el Universo.

Guiado por el deseo de tener una visión más completa del paisaje lupita, esta vez visité de día el John Hankock Center que, si hemos de creer al inefable Sir Richard Saul Wurman, también es el edificio más alto del mundo (con la peculiaridad de ser multiuso: oficinas, viviendas, mercerías, etc.). ¡Admirable la callada quietud del río y el lago, ambos completamente helados! Admirable, sí, pero desazonadora. Ved que no digo "desazonadora" en vano, pues, ¿qué, sino desazón, nos causa el atestiguar una vez más cómo la ciencia, en su infinita arrogancia, nos engaña como a pericos? ¿Cómo conjugar, sin apenas pestañear, yo, arriba, en mangas de camisa y abajo petrificadas las gélidas aguas? Corolario: unas simples mangas de camisa (y, además, de cuadros) desbaratan definitivamente la conjetura de que cien metros de asunción suponen un grado de enfriamiento.

En fin, allá filósofos y científicos con sus sofismas, que yo, después de desafiar tan bravamente las leyes gravitatorias, me recogí en el edificio más alto del mundo (con la peculiaridad de que en él vivo yo), y puse los ojos al horno con la finalidad de descongelar las lentillas.

La Virreina y Yo
Chicago, Enero de 1997

NEW YORK CHRONICLE

Agony

The evening I got to JFK I didn't have any room booked. I began making phone calls and getting frightened, because they don't allow people loitering at the airport after midnight. Eventually I found a room at the McBurney YMCA. It smelled of urine all over the building, which was fun. Everyday I paid $50, and when I did so it felt as if I was putting a 50-thorn crown around my dick, which wasn't fun at all. Then I moved to another hostel. There it smelled of shit all over the building. That was real fun. I didn't know at that time what the next room would be like, but something I knew for sure: the smell would be hilarious.

Resurrection

I'm living in a casket. When I open the door, first I bump into the bed and say "me cago en la Virgen". Then, as I bend to caress my knee, I hit my head against the kitchenette and say "me cago en Dios". I've got used to that routine.

The kitchenette is on top of the refrigerator, which in turn reaches the height of my knees. There is a table by the kitcherator: a 20x10 cm one. That's what they call a one-cup table. I use it to make sandwiches and write poetry. I don't have any chair, so, when I need any, I put the kitchenette on the bed and sit down on top of the refrigerator (never thought tops of refrigerators where so versatile!). I use the sink for both personal and dishes hygiene and, when I am in a hurry, I use it for matters I'd rather not to mention. Since I don't have a TV set, when I am too bored I sit down on the bed and look at the kitchenette (they are very versatile too).

I also have a fly. She moved in here two days after I did myself. She's cool, but I have to make a painful decision: it's she or me; there's no room for both of us.

To get to my coffin I have to climb up a very narrow staircase –this is so to prevent fat people from coming here–. When I get to the second floor I see, stuck to a door, an inscription that reads "This is a Catholic home. Join us in church on Sunday". There is a little hollow in the wall on the third floor; it contains a picture of St Francis Asis, flanked by two tiny statues of Our Lady (of that kind that shine at night and are so scary). A portrait of the Pope welcomes me to the fourth floor. This is the scariest thing I've ever seen in my life.

Most unexpectedly, the building doesn't smell of anything, which I find quite boring. All in all, I'm getting a better understanding of how poor Diana is feeling these days.

Mystery

Newyorkers do not smile. I don't thing this is a big deal; it's just like some people learn to do some things and other people learn to do different things. When you're asking a question, and are about to finish saying “Excuse me”, they've already finished saying “I don't know” a long time ago. Some of them are more polite and say “Right there”, and then they look towards Minessotta, they don't look at you anymore.

Compared to bars in Chicago, where people are so friendly and talkative, bars here look like cemeteries, except for the corpses are standing up. Perhaps I haven't gone to the right places. I promise to do more research on the subject.

Appendix

I haven't told you yet how I managed to get the casket. Don't expect it was easy. First, I wanted a short term stay, while I looked for some inhabitable place. Nope! I had to agree on a four months lease. Moreover, I had to pay for the four months ($2040) all together. Besides, they wouldn't accept my check from The First Chicago Bank. In addition, they didn't appreciate my Visa card from Caja de Madrid. So I had to open an account in NY. I went to Citibank. They asked me for two pieces of identification, and I showed my passport and my Visa card. It was OK, but then, they wanted a proof that I was living in NY. I explained confidently what my situation was, and the clerk –or maybe I should say the jerk– said “No way”. I visited two more banks, and there a foreign passport wouldn't serve as a piece of identification. I was tempted to show them my asshole, as a piece of adoration, but I didn't.

Back in the real state office I begged the manager to allow me splitting the payment throughout four days, so that I could use my ATM card without exceeding the limit. This time she was receptive. However, she had a last hidden weapon. She asked me what I was doing in NY, and I said computer science. Suddenly, the bitch began cross-examining my knowledge of computers (which everybody knows is remarkable). She told me her computer was slowing down, and asked whether she should clean the dust inside. I told her she'd better clean her pussy, and then put the computer into it and make it burst so that no fucking hair of her disgusting moustache would be seen inside the Milky Way confines. Well... That's what I should have said. In fact, I just said “I don't think so, Ma'am”, which shows how uncongenial our ideals and our deeds are.

Now, while I'm writing this letter, I solemnly swear in the name of Satan that if ever any fucking Newyorker asks me how to go to Ramblas, first I will ask him for his DNA sequence and, once I've checked it's made of shit, I will ask him for his family tree back to Eve, and then I'll kick his butt furiously, and then I'll piss on him copiously, and then... Well, that's enough. My anger is gone.

EL ARZOBISPO DE CABESTREROS

En España habrá justicia el día en que la mitad de los jueces estén en la cárcel y la otra mitad en el infierno.

Te lo digo yo

Hace ya algunos años, harto de pagar alquileres, decidí convertirme en magnate. Para ello invertí mis ahorros –más una hipoteca– en un palacio de 27 m^2, situado en la calle del Oso, emblemático lugar donde naciera Ana Belén y cuyo santo patrón es Cayetano. Inmediatamente después de tomar posesión del inmueble, y una vez dadas las instrucciones pertinentes a mi ama de llaves, me dirigí a la plaza de Cabestreros, con la intención de respirar los saludables aromas de la multiculturalidad y leer el periódico, mientras los rayos del sol me acariciaban los huevos. ¡Blessed Saint Peter! (perdón, se me ha quedado el inglés). No llevaba ni cinco minutos leyendo, cuando se me acercó quien tiempo después supe que era T. la C. –y cuya procedencia multicultural no voy a especificar– y mirándome a los ojos me dijo así: "No sé si serás policía o periodista, pero te vamos a matar, tenemos tu foto, nos hemos quedado con tu cara y con tu culo, y te vamos a matar". ¡Pues vaya con los aromas y las caricias! Seguí leyendo el periódico, porque yo soy muy valiente, pero la lectura empezó a resultar inconexa ("el presidente te vamos a matar del gobierno tu cara ha declarado tu culo patrimonio nacional...") y tuve que abandonar. Volví a palacio humillado y con el ánimo encogido pero, como todo héroe, dispuesto a seguir batallando. Por cierto, curioso personaje este T. la C. Algún periódico nacional le ha dedicado una entrevista y más de un artículo en el que se le define como el rapsoda de Lavapiés. ¡Pues maldita la gracia que tuvo el rap que me cantó a mí!

Pocos días después me sobrevino el segundo incidente. Bajando por la calle Mesón de Paredes topé con tres individuos –cuya procedencia multicultural no voy a especificar– que caminaban en sentido opuesto. Ya saben que yo, aparte de valiente, chulo y adorable, soy muy educado. No les extrañará por tanto que tenga por costumbre apartarme lo que me corresponde, pero ni un ápice más, cuando me cruzo con alguien por la calle. ¡Pues maldita conjunción de factores! Resulta que los individuos procedentes de esta multiculturalidad son mucho más valientes, chulos, adorables y educados que yo, y en consecuencia, no se apartan nada. En fin, tras el inevitable choque de multiculturas y la pequeña discusión subsiguiente, continué mi camino, dando por zanjado el incidente. ¡Qué error! Resulta que los individuos procedentes de esta multiculturalidad nunca zanjan los incidentes. Muy al contrario, lanzan botellas como la que estalló justo detrás de mis talones unos instantes después.

A las cinco de la madrugada del 7 de Julio de 2001, mientras volvía a palacio describiendo una línea no del todo recta, fui testigo de los siguientes hechos. Cuatro turistas alemanas caminaban por la calle de los Estudios en dirección a Plaza Mayor. Tres moros, cuya procedencia multicultural no voy a especificar, estaban agazapados tras un contenedor en las inmediaciones. Yo me dirigía desde la Plaza Mayor a la de Cascorro, lo que me obligaba a atravesar la calle de los Estudios (con gran placer, porque a mí todo lo que tenga aroma intelectual me pone cachondo, aun cuando no vaya describiendo una línea del todo recta). Cuando sobrepasé la posición ocupada por los moros, éstos salieron corriendo, se abalanzaron sobre las alemanas, les robaron e hirieron a una de ellas. Yo intenté detener a uno. Él me dio un ladrillazo en la espalda. Caí al suelo. Me cagué en su puta madre. No me sirvió de nada. La policía lo detuvo.

Así dicen las crónicas que ocurrió, pero yo lo vi de este modo:

Al viento

Cabalgaba el Oso Solitario por la llanura madrileña, cual guirnaldas de mirto sus frondosos cabellos meciéndose al viento, mientras miríadas de ruiseñores desgranaban en su honor hermosas melodías, en busca de desvalidos a los que proteger y doncellas cuya virtud preservar, cuando sus aquilinos ojos vieron la oportunidad de acrecentar su gloria y elevar su fama hasta los confines del cielo.

Acercábanse por su diestra cuatro hermosas ninfas teutonas (con "u" intercalada), sus majestuosas teutonas (desprovistas de "u" intercalada) desafiando al horizonte, al tiempo que por su siniestra, escondida tras unos matorrales, acechaba la morisma, sus ojos sanguinarios centelleando a la luz de la Luna. En menos que dura una flatulencia, abalanzáronse los sarracenos con saña inaudita sobre las incautas walkirias, y como perros de presa hicieron manar la sangre inocente que, en caudalosos ríos carmesíes, tiñó de espanto las áridas tierras mesetarias muchas leguas a la redonda.

Ni corto ni perezoso acercose Don Oso, desnudo al viento su esbelto torso, al lugar de la pendencia. Diole la bienvenida un ladrillo, de perfecta cocedura, que arrojara la morisma con tan fina puntería, que al viento su zona sacra –¡Santo, Santo, Santo es el Señor!– sufriera gran irritación. A cuatro patas y lamiendo el polvo del camino, lamentose Don Oso de su mala fortuna, pues que si hubiera tenido lugar el impacto media yarda más abajo, por muy módico dispendio habríale sido extirpado un averroide, que al viento su zona santa –¡Santo, Santo, Santo es el Señor!– torturaba desde tiempo atrás.

Tras estos tristísimos acontecimientos me dirigí a la plaza de Cabestreros, y allí me rasgué las vestiduras y tomé hábitos por ver si la musulmandad se aviniera a respetar mis sacros promontorios, y de paso me concedí el título de Arzobispo de Cabestreros, no se lo fuera a poner otro. También decidí tratarme de usted, no sé por qué.

Pasados unos meses llegó el juicio. La primera sorpresa fue que el desheredado tenía abogado de pago, cosa que los elegantísimos acusadores no pudimos permitirnos. La segunda fue el testimonio de los policías. Uno de ellos, después de que el juez le sugiriera que podía contestar "no recuerdo" cuando no recordara, respondió "no recuerdo" a todas las preguntas de la defensa. El otro se equivocó de caso: afirmó haber visto al acusado atacarme con una navaja y a mí forcejeando como una bestia para salvar mi vida. Así dicen las crónicas que ocurrió, pero yo lo vi de este modo:

El Estado de Cascorro-Bavaria contra Hashim Babas, de aspecto magrebí
(Drama en cinco actos y un veredicto)

ACTO I

JUEZ: ¡Comparezca ante esta Corte Don Víctor Ángel de Lavín y de la Puente, Caballero de la Orden del Oso Solitario, Arzobispo de Cabestreros y Luminaria de Lavapiés!

(Un sobrecogedor silencio se cierne sobra la sala. Hace su entrada el Arzobispo, con paso firme y mentón erguido. Mira al frente y ve al juez. Mira a su derecha y ve al Babas. Mira a su izquierda y se desmaya.)

DEFENSOR: ¿Cabalgaba el Oso Solitario por la llanura madrileña?
ARZOBISPO: ¡Tú lo has dicho!
D: ¿Portaban lentillas Sus aquilinos ojos?
A: ¡Protesto, Señoría!
J: ¿Cuál es el motivo de Su protesta?
A: ¡A ti qué cojones te importa!
J: Protesta aceptada. Prosiga la defensa.

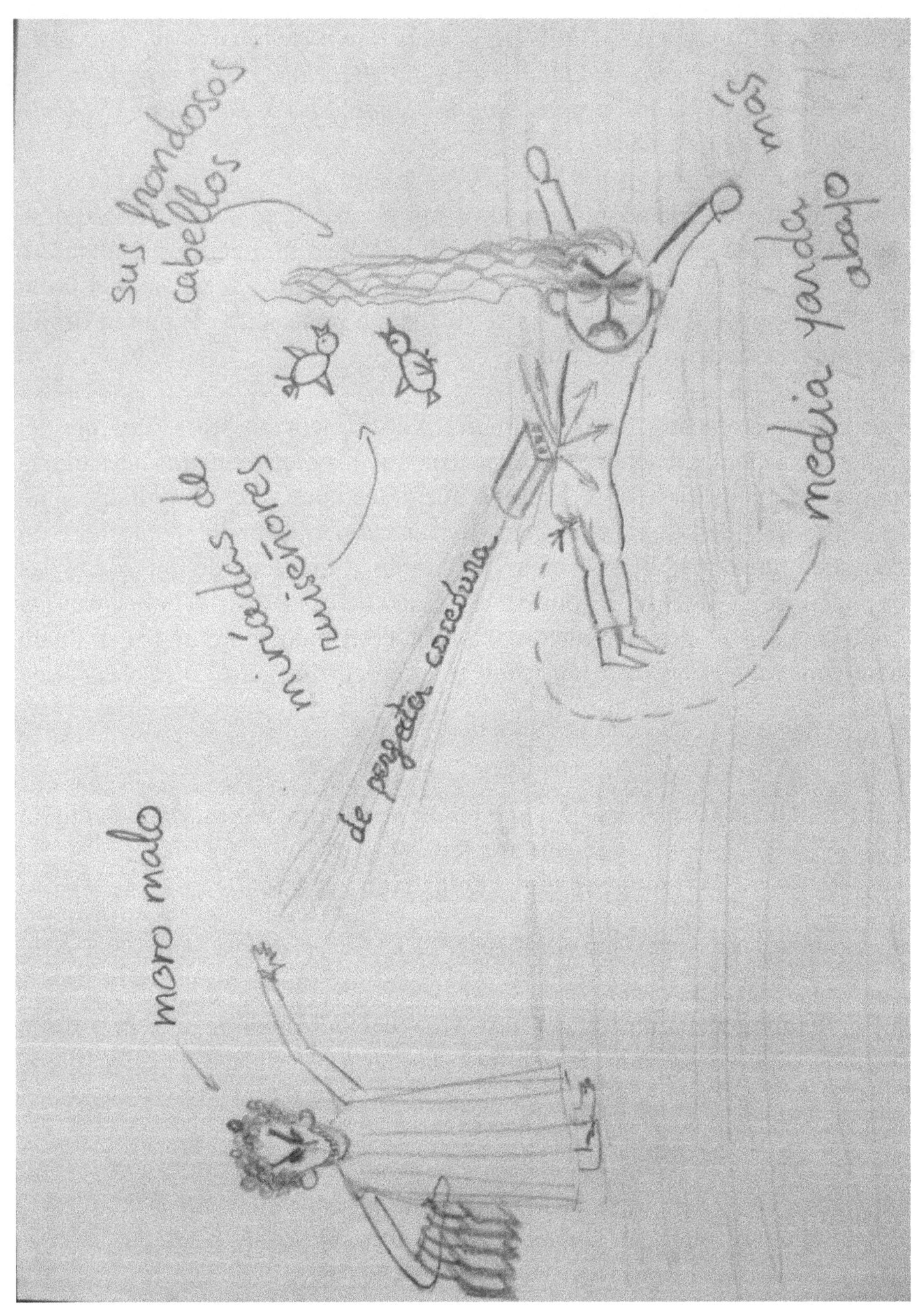

D: ¿Averroide?
A: Dícese del híbrido entre Averroes y usted me excusará. Son sus pupilas azules como el cielo.
D: ¡Cooooorrecto! ¿No es menos cierto que Su Eminencia fue abatida por un ladrillo?

A: No es menos cierto.
D: ¿Podría Su Eminencia describir cómo era el ladrillo?
A: De perfecta cocedura.
D: ¡Peeeeerfecto! La defensa no tiene más preguntas.
J: Retírese Su Luminaria.

ACTO II

JUEZ: ¡Comparezca ante esta Corte Doña María Ludovica Arabella von den Furzen der Alle Heilige, Condesa von Cascorro-Bavaria und Gundelfingen!

(Entra la Condesa, envuelta en seda y tafetán. Un collar de diamantes realza con sus destellos la delicada textura de su cuello)

DEFENSOR: ¿No es menos cierto que, el día de autos, Su Alteza se llamaba María Ludovica?
CONDESA: Skjrrrrjlhrlkdrrrrrdjdlkrrrrrrrrrrnf...

(Murmullos de aprobación en la sala: ¡Treinta y siete consonantes y ni una sola vocal! ¡Admirable! ¡Insuperable! ¡Viva la Condeeesaaaaaa! El juez inquiere, en un aparte, si lo que acaba de oír corresponde al idioma bávaro o al idioma bárbaro, y requiere la presencia de un traductor. Entra el traductor)

J: Repita la defensa su pregunta.
D: ¿No es menos cierto que, el día de autos, Su Alteza se llamaba María Ludovica?
C: Skjrrrrjlhrlkdrrrrrdjdlkrrrrrrrrrrnf...
TRADUCTOR: Honour to your honour, Your Honour!
D: ¿No es menos cierto aún que el día de autos Su Alteza no llevaba tacones?
C: Glplls...
T: By my honour that Your Honour has a lot of honour, your Honour.
D: *(Apuntando a la Condesa con el dedo índice)* ¿Y no es aún menos cierto que, el día de autos, Su Alteza no llevaba ...*(un silencio teatral)*... leotardos?
C: Glplls...
T: It's not a question of honour, Your Honour. Most to the contrary, it's an honourable question.
D: *(Triunfante)* La defensa ha concluido. Gracias, Condesa.
C: Glplls, it's been an honour.

ACTO III

DEFENSOR: ¿Podría indicarnos, Señor Policía I, dónde se encontraba usted la noche del 7 de julio del año 2001?
POLICÍA I: En San Fermín.
D: ¿Podría concretar?
PI: Encontrábase el ahora dicente, sus frondosos cabellos al viento mecentes, patrullando la ciudad, cuando sus aquilinos ojos vieron cómo el capitán Babas, a su derecha ahora sedente, portando veinte bolsos y treinta y siete monederos, corría como lebrel hacia allá donde Cascorro es celebrado. Sospechó el ahora dicente que tantos bolsos y monederos mal pudieran ser propiedad de Bin Babas, pues que no es costumbre sarracena travestirse con desmesura. Viéronse acrecentadas sus sospechas al comprobar que, unas yardas por detrás del a su derecha ahora sedente, corría como siete galgos Su Eminencia el Arzobispo, sujetando con una mano el sotanaje a la altura de Sus Sacras Corvas, y con la otra blandiendo un crucifijo, al grito de a Mí la Legión.
D: ¡Ruego al testigo que se ciña a los hechos!
PI: ¡Vivan los heeeeechooos!
D: Gracias. Continúe la deposición.
PI: Fue entonces cuando el ahora dicente, en fraterna hermandad con tres de sus compañeros agentes, acorraló al capitán Babas contra una boñiga de fox terrier. Repartiendo dentelladas y tremendas coces, y relinchando muy horrísonamente, revolvíase Don Babas contra el brazo de la Ley.
D: ¡Especifique el testigo cómo eran los dientes del capitán Babas!
PI: ¡Largos!
D: ¡Cíñase a los hechos!
PI: No recuerdo.
D: ¿?
PI: No recuerdo, no recuerdo y no recuerdo
JUEZ: ¿?
PI: No recuerdo, no recuerdo y no recuerdo.
J: Esta Corte acuerda de mutuo acuerdo que se retire el testigo de cargo.

ACTO IV

JUEZ: Señor Policía 2, ¿jura usted decir la verdad, toda la verdad y nada más que su contrario?
POLICÍA 2: De toda falsedad.
JUEZ: Proceda la defensa.
DEFENSOR: ¿No es menos cierto, Señor Policía 2, que mientras patrullaba la ciudad vio usted una escena solitaria?
P2: De toda falsedad.

D: ¿Podría entonces, Señor Policía 2, describir la solitaria escena que vio usted de toda falsedad?
P2: Con la venia de Su Señorita, encontrábase Don Policía 2 patrullando la ciudad, cuando sus aquilinos ojos vieron cómo una división de tanques, comandada por el capitán Babas a mi derecha sedente, acorralaba a Su Eminencia el Arzobispo a mi izquierda presente contra una boñiga de fox terrier. Vomitaban fuego los cañones, mientras Su Eminencia coceaba con vigor a las bestias metálicas y, brincando ora a su diestra, ora a su siniestra, ora al quinto piso, ora pro nobis, esquivaba las esquirlas que, cual bombas de fragmentación, arrasaban las áridas tierras mesetarias.
D: ¿Y no es menos cierto, Don Policía 2, que ha mencionado usted... "tanques"?
P2: ¡De toda falsedad! Prístinamente recuerdo, de toda veracidad, haber aseverado que comandaba Hashim Babas una fragata solitaria, los cañones de su banda vomitando fuego por doquier, mientras Su Eminencia el Arzobispo nadaba plácidamente con su flotador de pato. Fue entonces cuando una escuadrilla de B-52, comandada por el capitán Babas, acercándose por donde aquella lejana estrella, al Oeste del Polo, iniciara su periplo para iluminar la parte del cielo que ahora inflama –gracias, Guille–, arrojó su mortífera carga sobre Su Eminencia el Arzobispo, que en aquel momento jugaba a los médicos con la niña que a mi izquierda, sita está presente.
D: Muchas gracias, Don Policía 2.
P2: No es menos cierto, Su Señorita.
J: El testigo puede retirarse.

ACTO V

JUEZ: ¡Comparezca ante esta Corte Don Hashim Babas, Comandante de los Cielos, Capitán de los Océanos y Príncipe de Todos los Universos!
(El abogado defensor susurra al oído del reo: "No depongas, Hashim Babas, que la cagas".)
HB: ¡Alá Babas akbar!
J: ¡Visto para sentencia! ¡Despejen la sala!

(Exeunt)

VEREDICTO

JUEZ: Reunida esta Corte en torno a una bota de vino y, tras haber examinado los considerandos, aplicado los substraendos y refutado los vomitandos pertinentes, habiendo concluido que los testigos son, sin excepción, unos defraudandos, acordamos que debemos condenar y, en consecuencia, condenamos:

–A Doña María Ludovica Arabella von den Furzen der Alle Heilige, Condesa von Cascorro-Bavaria und Gundelfingen, por el infame delito de resistencia a la delincuencia, con el agravante de no calzar tacones en la noche de autos, a la pena de siete años de vocales forzadas y un zapateado. En ningún caso podrá esta pena ser redimida por acentos o cualesquiera otro signo de puntuación.

–Al Arzobispo de Cabestreros, por el gravísimo delito de oposición al delito, con los agravantes de *pelus no rizandus*, *tez morena insuficiendus*, *navaja no portandus* y, por sobre todas las cosas, haber mostrado Sus Sacras Corvas, a la pena cerúlea de catorce depilaciones y un día. En ningún caso podrá esta pena ser redimida por cualesquiera artilugio de barbería.

–Al memorioso agente, Señor Policía I, no recordamos a qué pena le condenamos.

–Asimismo, condenamos, ¡ay!, al agente Don Policía 2, por un delito flagrante de malversación de tanques, a una pena, penita, peeena, peeena, de toda falsedad.

–No es menos cierto que condenamos a Su Señorita, el letrado defensor, a la pena que nos viene en gana, por glplls.

–Otrosí, acordamos que debemos condenar y, en consecuencia, condenamos a los anteriormente condenados a indemnizar (solidariamente y en partes alícuotas, correspondientes al séxtuplo del decúbito de su patrimonio) al acusado, Don Hashim Babas, en la cantidad de cincuenta bolsos y quinientos monederos, todos ellos de piel de fox terrier. Esta condena viene motivada en virtud de que las pruebas periciales practicadas han acreditado suficientemente que el acusado tiene el cabello primorosamente rizado y la tez suficientemente morena y, otro otrosí, de conformidad con el principio *in dubio pro moro.*

En Madrid, a 31 de Febrero de 2002.

Y con la siguiente carta que, con toda seguridad, la Fiscalía del Tribunal Superior de Justicia de la Comunidad de Madrid utilizó para vendar su tercer ojo, finalizan este lamentable capítulo y esta mierda de libro.

Querida Fiscalía:

Das asco. Ya sé que siempre que etc., etc.

Doña María Ludovica Arabella von den Furzen der Alle Heilige, Condesa von Cascorro-Bavaria und Gundelfingen, sin flequillo

¡Lo siento, se me olvidaba una historia!

El dragón de Porto Vénere

Fruto de estos acontecimientos y de otros muchos que no vienen a cuento, el arzobispo trabó amistad con la condesa y, como ésta fuera también muy piadosa, juntos emprendieron innumerables viajes para difundir la fe entre incrédulos y marranos, y encontrar el martirio si cayera la breva.

Pero está visto que el diablo no deja recodo sin patear ni recoveco sin olisquear, y así pronto notó el arzobispo que doña Marieluise, pues ese era el nombre de pila sincopado de la condesa, se regocijaba en sufrir repentinas e inexplicables transformaciones de mucho asustar, trances en los que sus facciones habitualmente amables y suaves (como puede apreciarse en su retrato) se trastocaban hasta el extremo de que la condesa era reconocible solo por el flequillo. Temeroso, meditaba día y noche el arzobispo sobre las causas de tan extraño fenómeno, y el no dar con ellas le afligía tanto y le inquietaba de tal modo que incluso habría llegado a sospechar, si a los arzobispos les fuera permitida la sospecha, que el portento se reproducía de forma cíclica. Si dependiendo del ciclo lunar o del ciclo de las mareas, el arzobispo no se atrevió nunca a afirmar, pero que de algún ciclo dependía, de eso al arzobispo no le cabía ninguna duda.

Pero el arzobispo no sospechó, porque los arzobispos solo tienen certezas. Y así le fue…

En uno de esos viajes, el arzobispo y la condesa decidieron evangelizar la región conocida como Le Cinque Terre, que aunque parezcan muchas tierras ocupan poca cosa, y para ello establecieron su base en la cercana Porto Vénere. Tras un día sin lograr convertir a ningún cerdo italiano, y una noche bebiendo vino de consagrar para quitarse de encima el disgusto, el arzobispo se acostó, soñó, roncó, se dio media vuelta, roncó, recibió un zapatazo en la cabeza, dejó de roncar, se despertó sobresaltado, se levantó y tuvo la siguiente aparición:

Pasado el espanto y hechas las paces, el arzobispo y la condesa, siempre prontos a sacar provecho de cualquier circunstancia, convinieron en crear una aerolínea *low cost* cuyos beneficios emplearían en una parte para sufragar las misiones y en otra para pagar las minutas de los abogados defensores de los pederastas, pues que todas las criaturas son hijas del Señor Nuestro Dios y merecedoras, por tanto, de su infinita misericordia. He aquí su logo:

Ahora sí, se acabó.

Pues no, todavía no.

A las mujeres las pierde el romanticismo

Hallábanse la condesa y el arzobispo tomando dos jarras de cerveza en la plaza de Fray Tirso de Molina, y como el arzobispo hubiera dado ya buena cuenta de la suya propia, se dirigió a la condesa en los siguientes términos: "Gatita, ¡mira qué luna tan hermosa!" Miró la gatita hacia el cielo, y el arzobispo aprovechó el momento para hurtarle su jarra y acabar con ella de un lingotazo.

Todavía granizaba cuando la condesa bajó la cabeza…

PUES SÍ, AHORA SÍ.

www.ingramcontent.com/pod-product-compliance
Ingram Content Group UK Ltd.
Pitfield, Milton Keynes, MK11 3LW, UK
UKHW050614260726
13967UKWH00008B/2859

9 781291 771404